Peklo

Dr. Jaerock Lee

1

2

1 Krev stékající ze spousty nespasených duší, které procházejí hrozivým mučením, vytváří širokou tekoucí řeku.

2 Šeredně ohyzdní poslové pekla mají tváře podobné lidem nebo se podobají různým ošklivým a nečistým zvířatům.

3 Na březích krvavé řeky je mučeno mnoho dětí, které jsou ve věku od 6 let až do věku těsně před pubertou. Podle vážnosti jejich hříchů se jejich těla boří hlouběji do bahna a jsou blíže krvavé řece.

3

1

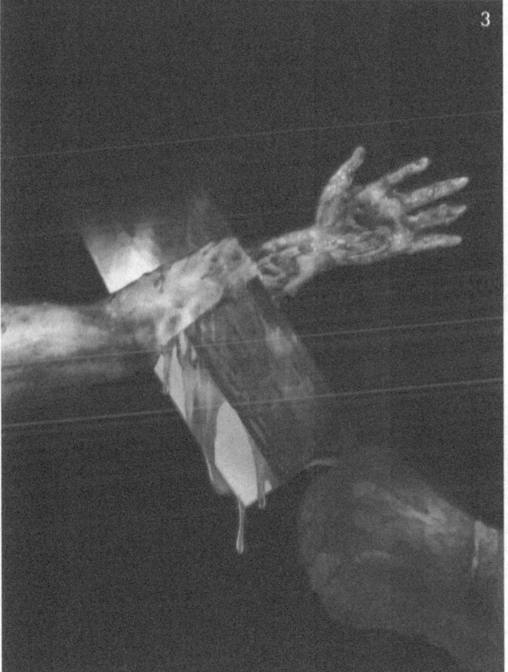

1 Močál z odpadní vody vydává odporný puch a je naplněn všemožným hmyzem nahánějícím husí kůži, který okousává těla duší uvězněných v močálu. Hmyz propíchává jejich těla až po břicho.

2,3 Ohavně odporný posel pekla podobající se praseti připravuje široký výběr nástrojů na mučení od malé dýky až po sekeru. Posel pekla pak rozřezává tělo duše, která je přivázaná ke stromu, na kusy.

Žhavý, ohnivě rudý kotel je plný příšerného zápachu a vařící tekutiny. Odsouzené duše, které kdysi bývaly manželi, jsou střídavě jedna po druhé ponořovány do kotle. Zatímco jedna duše podstupuje mučení, druhá prosí o to, aby utrpení jejího chotě trvalo co nejdéle.

Bezpočet mrňavého hmyzu se svými do široka otevřenými kusadly a cenící své ostré zuby pronásleduje duše, které šplhají nahoru na útes. Vystrašené duše jsou neustále pokryté hmyzem a padají dolů na zem.

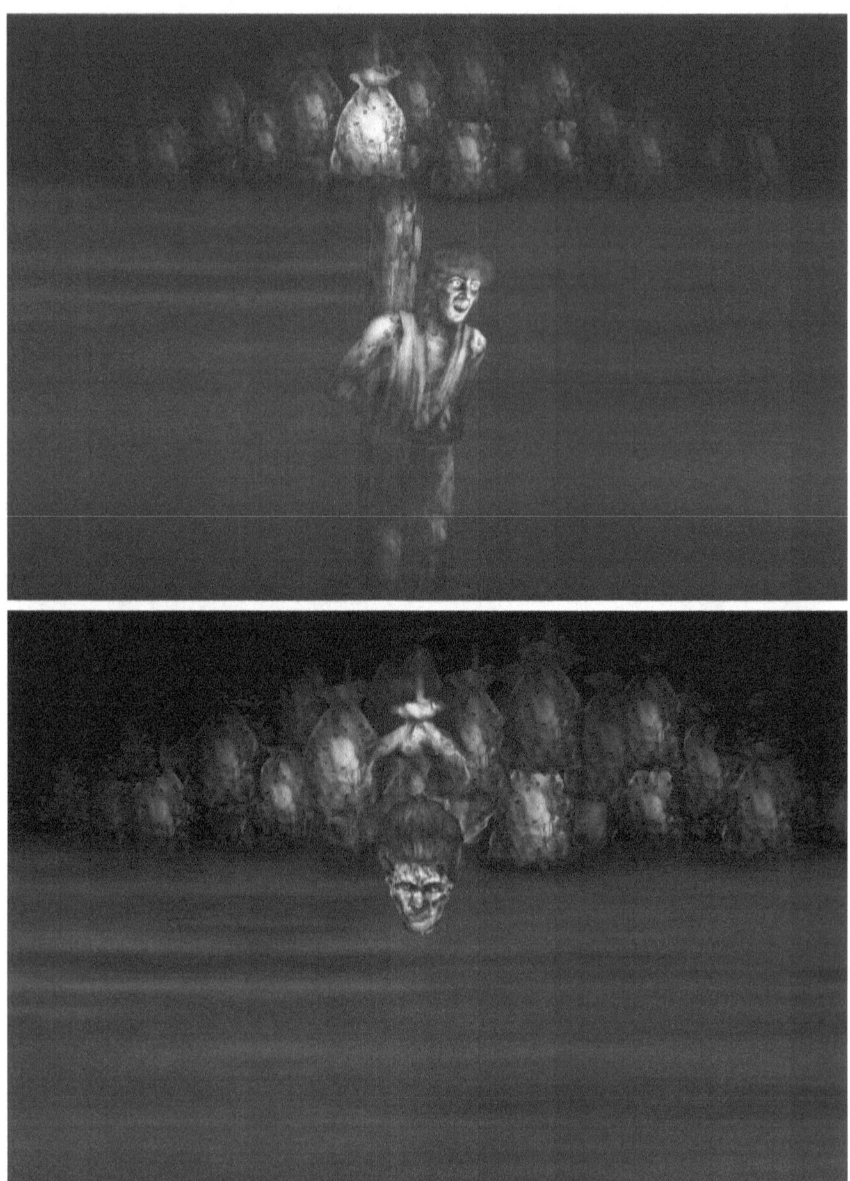

Nespočet strašných černých hlav těch, kdo následovali toho, kdo se postavil proti Bohu, prudce okousává celé tělo rebela svými ostrými zuby. Mučení je ještě větší než to, které spočívá v okousávání hmyzem nebo roztrhání šelmou.

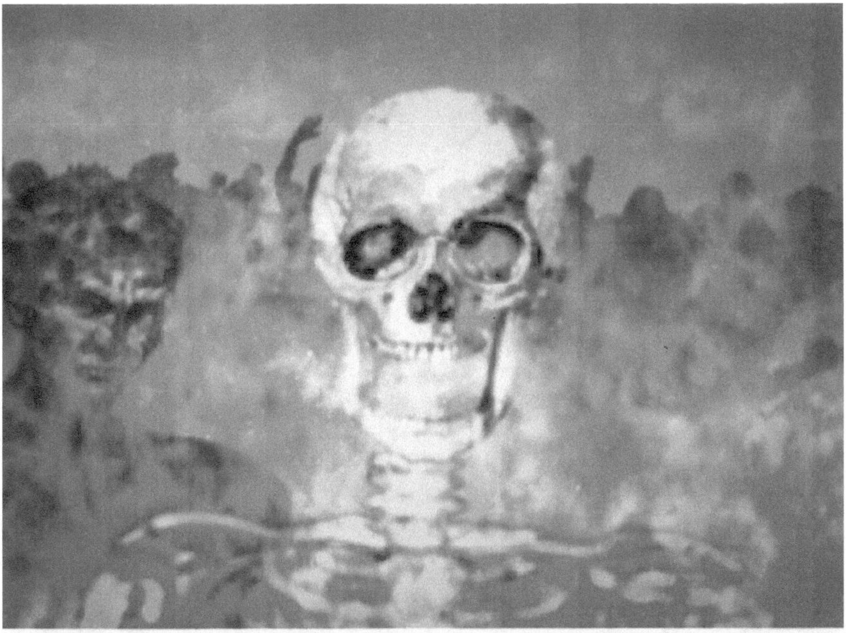

Duše, které jsou vhozeny do hořícího jezera, skáčou bolestí a hlasitě ječí. Jejich přivřené oči jsou strašlivě podlité krví a jejich mozek praská a tělní tekutiny se řinou ven.

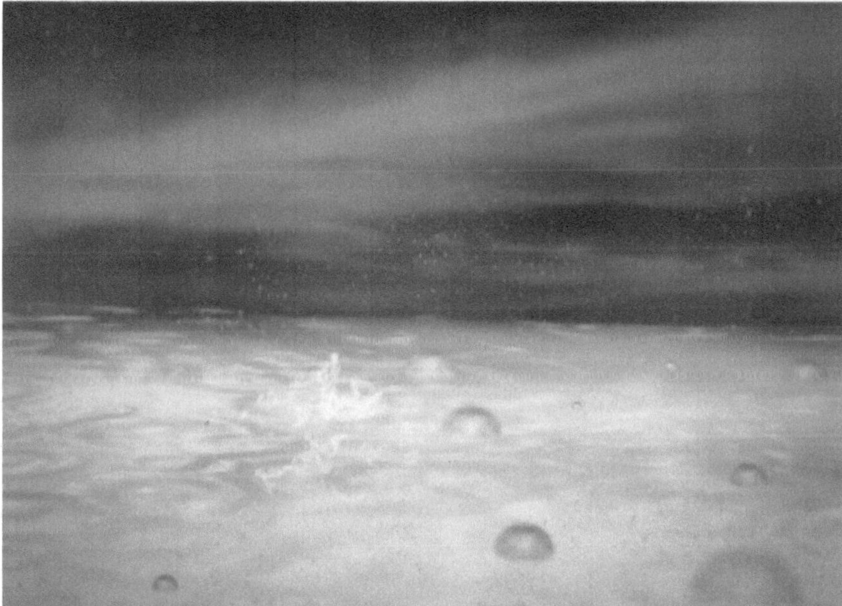

Dejme tomu, že někdo vypije tekutinu, která vznikne rozpuštěním železa ve vysoké peci. Pak jeho vnitřní orgány shoří. Duše, které jsou vhozeny do jezera, kde hoří síra, nemohou sténat ani přemýšlet, ale jsou zcela přemoženy bolestí.

„I umřel ten chudák a andělé ho přenesli k Abrahamovi;
zemřel i ten boháč a byl pohřben.
A když v pekle pozdvihl v mukách oči,
uviděl v dáli Abrahama a u něho Lazara.
Tu zvolal: ‚Otče Abrahame,
smiluj se nade mnou a pošli Lazara,
ať omočí aspoň špičku prstu ve vodě a svlaží mé rty,
neboť se trápím v tomto plameni.‘
Abraham řekl: ‚Synu, vzpomeň si,
že se ti dostalo všeho dobrého už za tvého života,
a Lazarovi naopak všeho zlého.
Nyní on se raduje a ty trpíš.
A nad to vše je mezi námi a vámi veliká propast,
takže nikdo – i kdyby chtěl,
nemůže odtud k vám ani překročit od vás k nám.‘
Řekl: ‚Prosím tě tedy, otče,
pošli jej do mého rodného domu,
neboť mám pět bratrů, ať je varuje,
aby také oni nepřišli do tohoto místa muk.‘
Ale Abraham mu odpověděl:
‚Mají Mojžíše a Proroky, ať je poslouchají!‘ On řekl:
‚Ne tak, otče Abrahame,
ale přijde-li k nim někdo z mrtvých,
budou činit pokání.‘
Řekl mu: ‚Neposlouchají-li Mojžíše a Proroky,
nedají se přesvědčit, ani kdyby někdo vstal z mrtvých.‘“

Lukáš 16:22-31

Peklo

[V pekle], kde jejich červ neumírá a oheň nehasne.
Každý bude solen ohněm.
(Marek 9:48-49)

Peklo

Dr. Jaerock Lee

Peklo: Dr. Jaerock Lee
Vydavatelství Urim Books (Zástupce: Seongnam Vin)
73, Yeouidaebang-ro 22-gil, Dongjak-gu, Seoul Korea
www.urimbooks.com

ISBN: 979-11-263-0102-7 03230

Předtím vydáno v roce 2002 v korejštině vydavatelstvím Urim Books

První vydání Dubna 2016

Úpravy: Dr. Geumsun Vin
Vnější úprava: Vydavatelství Urim Books
Tisk: Tiskařství Prione
Více informací získáte na: urimbook@hotmail.com

Předmluva

Doufám, že tato kniha bude sloužit jako chléb života, který povede nespočet duší do nádherného nebe tím, že jim pomůže porozumět lásce našeho Boha, který si přeje, aby všichni lidé získali spasení....

Když lidé v dnešní době slyší o nebi a o pekle, většina z nich reaguje negativně a říká: „Jak bych mohl v době vědecké civilizace věřit takovýmto věcem?“ „Byl jsi někdy v nebi nebo v pekle?“ nebo „O těchto věcech se dozvíš, až když zemřeš.“

V první řadě musíte vědět, že po smrti existuje život. Ve chvíli, kdy vydechnete naposledy, bude už příliš pozdě na to, abyste o těchto věcech přemýšleli. Až na tomto světě vydechnete naposledy, nikdy už nedostanete šanci znovu žít. Čeká vás pouze Boží soud, skrze něhož budete sklízet, co jste na tomto světě zaseli.

Prostřednictvím Bible nám Bůh zjevil cestu spasení, existenci nebe a pekla a soud, který se bude konat v souladu s Božím slovem. Skrze mnoho starozákonních proroků a Ježíše projevil Bůh úžasné skutky své moci.

Dokonce i v dnešní době nám Bůh rozličnými zázraky, znameními a jinými úžasnými skutky své moci zaznamenanými v Bibli skrze své nejloajálnější a nejvěrnější služebníky zjevuje, že je živý a že Bible je pravdivá. Nicméně, i navzdory hojným svědectvím jeho skutků existují nevěřící. A tak Bůh svým dětem zjevil nebe a peklo a povzbudil je k tomu, aby po celém světě svědčily o tom, co viděly.

Také mě Bůh lásky dopodrobna odhalil nebe a peklo a naléhal na mě, abych hlásal toto poselství po celé zeměkouli, neboť Kristův druhý příchod je velmi blízko.

Když jsem pronášel poselství o nešťastných a odporných scénách odehrávajících se v dolním podsvětí, které náleží k peklu, viděl jsem mnoho lidí ze svého shromáždění, jak se třesou strachem a propukají v pláč kvůli duším, které propadly těmto strašným a krutým trestům v dolním podsvětí.

Nespasené duše zůstávají v dolním podsvětí pouze do doby, než dojde k soudu u velkého bílého trůnu. Po uskutečnění soudu skončí nespasené duše buď v hořícím jezeře nebo v jezeře, kde hoří síra. Tresty v hořícím jezeře nebo v jezeře, kde hoří síra, jsou mnohem krutější než tresty v dolním podsvětí.

Píši o tom, co mi Bůh zjevil skrze působení Ducha svatého a co je založeno na Božích slovech vepsaných v Bibli. Tato kniha by mohla být nazvána poselstvím upřímné lásky našeho Boha Otce, který touží spasit co nejvíce lidí od hříchu tím, že jim dává předem vědět o nikdy nekončícím utrpení pekla.

Bůh vydal svého vlastního Syna, aby zemřel na kříži a spasil všechny lidi. Rovněž si přeje zabránit tomu, aby jen jediná duše propadla bídnému peklu. Bůh považuje jedinou duši za mnohem cennější než celý svět, proto je velmi potěšen, má ohromnou radost a oslavuje s nebeskými zástupy a anděly, když je někdo spasen ve víře.

Vzdávám všechny své díky a slávu Bohu, který mě vedl k vydání této knihy. Doufám, že porozumíte srdci Boha, který nechce ztratit jedinou duši v pekle a že získáte opravdovou víru. Navíc vás naléhavě žádám, abyste hlásali evangelium všem duším, které směřují přímo do pekla.

Rovněž děkuji vydavatelství Urim Books a jeho pracovníkům včetně Geumsun Vin, ředitelky vydavatelství. Doufám, že si všichni čtenáři uvědomí skutečnost, že po smrti skutečně existuje věčný život a soud a dosáhnou tak dokonalého spasení.

Jaerock Lee

Úvod

Modlím se, aby mnohé duše dokázaly pochopit utrpení pekla, činily pokání, odvrátily se z cesty smrti a byly spaseny...

Duch svatý inspiroval reverenda Dr. Jaerocka Lee, staršího pastora církve Manmin Joong-ang Church, k tomu, aby se více dozvěděl o životě po smrti a bídném pekle. Sebrali jsme jeho poselství a vydáváme dnes knihu *Peklo,* aby si lidé mohli udělat o pekle jasný a přesný obraz. Vzdávám všechny své díky a slávu Bohu.

Mnoho lidí se v dnešní době zajímá o život po smrti, ale s našimi omezenými schopnostmi je pro nás nemožné získat jakoukoliv odpověď. Tato kniha je živým a komplexním popisem pekla, které nám bylo částečně zjeveno v Bibli. Kniha Peklo se skládá z devíti kapitol.

Kapitola 1 „Opravdu existuje nebe a peklo?" popisuje celkovou strukturu nebe a pekla. Skrze podobenství o bohatém muži a žebráku jménem Lazar v Lukášovi 16 je zde vysvětleno horní podsvětí – kde čekaly spasené duše ze starozákonní doby – a dolní podsvětí – kde jsou trýzněny nespasené duše až do doby velikého soudu.

2. kapitola „Cesta spasení pro ty, kdo nikdy neslyšeli evangelium" se zabývá soudem svědomí. Také jsou zde popsána specifická kritéria soudu pro mnoho případů: nenarozené plody kvůli interrupci nebo samovolnému potratu, děti od narození do věku pěti let a děti od věku šesti let po věk teenagera.

Kapitola 3 „Dolní podsvětí a identita poslů pekla" se zabývá čekárnou v dolním podsvětí. Lidé zůstávají po smrti po dobu tří dnů v čekárně v dolním podsvětí, odkud jsou potom posláni na různá místa v dolním podsvětí podle vážnosti svých hříchů. Tam jsou krutě trýzněni, dokud nenastane soud u velkého bílého trůnu. Je zde rovněž vysvětlena identita zlých duchů vládnoucích dolnímu podsvětí.

Kapitola 4 „Tresty v dolním podsvětí pro nespasené děti" svědčí o tom, že i některé nedospělé děti neschopné rozpoznat pravdu od lži neobdrží spasení. Rozmanité druhy trestů uložené dětem jsou rozděleny podle věkových skupin: tresty pro plody a kojence, batolata, děti od tří do pěti let a děti od šesti let věku po dvanáct let.

Kapitola 5 „Tresty pro lidi, kteří zemřou v popubertálním věku" se zabývá tresty uloženými lidem starším, než jsou dospívající. Tresty pro ty, kdo jsou přibližně ve věku nad třináct let, jsou rozděleny do čtyř úrovní v závislosti na vážnosti jejich hříchů. Čím závažnější hříchy, tím větší tresty lidé obdrží.

Kapitola 6 „Tresty za rouhání proti Duchu svatému" připomíná čtenářům, že jak je napsáno v Bibli, existují konkrétní neodpustitelné hříchy, ze kterých nelze činit pokání. Kapitola rovněž popisuje rozmanité druhy trestů prostřednictvím podrobných příkladů.

Kapitola 7 „Spasení během velikého soužení" nás varuje před tím, že žijeme na konci věků a že Pánův příchod je velmi blízko. Tato kapitola dopodrobna vysvětluje, co se stane v době Kristova příchodu a že lidé zanechaní na zemi během velikého soužení mohou dosáhnout spasení pouze mučednictvím. Rovněž nás nabádá k tomu, abychom se připravili jako překrásná nevěsta Pána Ježíše a mohli se tak účastnit sedmileté svatební hostiny a abychom se vyhnuli zanechání na zemi po vytržení.

Kapitola 8 „Tresty v pekle po velikém soudu" se zabývá soudem na konci milénia, způsobem, jakým budou nespasené duše přemístěny z dolního podsvětí do pekla, různými druhy trestů uložených těmto duším a osudem zlých duchů stejně jako jejich potrestáním.

Kapitola 9 „Proč musel Bůh lásky připravit peklo?" vysvětluje přehojnou a zaplavující Boží lásku, kterou Bůh projevil obětováním svého vlastního a jediného Syna. Poslední kapitola podrobně rozebírá, proč tento Bůh lásky musel učinit peklo.

Kniha *Peklo* vás rovněž povzbuzuje k tomu, abyste pochopili lásku Boha, který si přeje, aby všechny duše získaly spasení a byly ostražité ve víře. Kniha *Peklo* končí tím, že vás nabádá k tomu, abyste zavedli co nejvíce duší na cestu spasení.

Bůh je plný milosti a slitování a je láskou samotnou. I dnes, se srdcem otce čekajícího na návrat svého marnotratného syna, Bůh dychtivě čeká na všechny ztracené duše, až se zbaví hříchů a obdrží spasení.

Proto doufám v to, že mnoho duší po celém světě porozumí a uvědomí si, že toto žalostné peklo skutečně existuje a navrátí se brzy k Bohu. Rovněž se ve jménu Pána Ježíše Krista modlím, aby všichni věřící v Pána Ježíše zůstávali bdělí a ostražití a přivedli co nejvíce lidí do nebe.

Geumsun Vin
Ředitelka vydavatelství

Obsah

Kapitola 1

Opravdu existuje nebe a peklo?

1. Nebe a peklo skutečně existují

2. Podobenství o bohatém muži a žebráku Lazarovi

3. Struktura nebe a pekla

4. Horní podsvětí a ráj

5. Dolní podsvětí, čekárna na cestě do pekla

„On [Ježíš] jim odpověděl:
‚Protože vám je dáno znáti tajemství království nebeského, jim však není dáno.‘“
- Matouš 13:11 -

„A jestliže tě svádí oko, vyloupni je; je lépe pro tebe, vejdeš-li do Božího království jednooký, než abys byl s oběma očima uvržen do pekla.“
- Marek 9:47 -

Většina lidí kolem nás se bojí smrti a žije ve strachu a obavách o svůj život. Nehledají ale Boha, protože nevěří v život po smrti. Navíc se zdá, že mnoho lidí, kteří hlásají svou víru v Krista, ve svém životě ve víře selhává také. Díky své pošetilosti lidé pochybují a nevěří v život po smrti, třebaže nám Bůh život po smrti a také nebe a peklo vyjevil v Bibli.

Život po smrti je neviditelným duchovním světem. A tak ho lidé nemohou pochopit, dokud jim Bůh nedovolí se o něm něco dozvědět. Jak se v Bibli opakovaně píše, nebe a peklo skutečně existují. Proto Bůh zjevuje nebe a peklo mnoha lidem po celém světě a nechává je o nebi a o pekle hlásat do všech koutů země.

„Nebe a peklo skutečně existují."

„Zatímco nebe je překrásné a fascinující místo, peklo je bezútěšné a nešťastné místo přesahující všechny naše představy o něm. Proto vás důrazně nabádám, abyste v existenci života po smrti věřili."

„Záleží jen na vás, zda půjdete do nebe nebo do pekla. Abyste nepropadli peklu, měli byste neprodleně činit pokání ze všech svých hříchů a přijmout do svého života Ježíše Krista."

„Peklo skutečně existuje. Je to místo, kde lidé navěky věků trpí ohněm. Je ale také pravda, že existuje nebe. A i nebe může být vaším trvalým domovem."

Bůh lásky mi dával poznávat nebe od května 1984. Od března

2000 mi rovněž začal dopodrobna objasňovat peklo. Žádal mě, abych to, co jsem se dozvěděl o nebi a o pekle, šířil po celém světě, aby nikdo nemusel být potrestán hořícím jezerem nebo jezerem, kde hoří síra.

Bůh mi jednou zjevil duši, která trpěla a naříkala s výčitkami svědomí v dolním podsvětí, kde všichni předurčení peklu v bolestech čekají. Duše odmítla přijmout Pána navzdory mnoha příležitostem, kdy slyšela evangelium a po smrti nakonec propadla peklu. Následuje její vyznání:

Počítám dny.
Počítám, počítám a počítám, ale jsou nekonečné.
Měla jsem se pokusit přijmout Ježíše Krista,
když mi o něm řekli.
Co si teď jenom počnu?

Je naprosto marné se trápit výčitkami svědomí.
Nevím, co si teď počnu.
Chtěla bych z tohoto trápení uniknout,
ale nevím, jak to udělat.

Počítám jeden den, dva dny, tři dny.
Ale i když takto počítám dny,
vím teď, že je to zbytečné.
Mé srdce je rozervané.
Co si jen počnu? Co si jen počnu?
Jak se mohu osvobodit od této veliké bolesti?

Ó, co si jen počne má ubohá duše?
Jak to snesu?

1. Nebe a peklo skutečně existují

V Židům 9:27 se píše: *„A jako každý člověk jen jednou umírá, a potom bude soud.“* Všem mužům a ženám je určeno zemřít a potom, co vydechnou naposledy, vstoupí po soudném dni buď do nebe nebo do pekla.

Bůh si přeje, aby každý vstoupil do nebe, protože Bůh je láska. Dříve, než začal čas, připravil Bůh Ježíše Krista a když dozrál čas, otevřel dveře pro spasení lidských bytostí. Bůh si nepřeje, aby ani jediná duše propadla peklu.

Římanům 5:7-8 hlásá: *„Sotva kdo je hotov podstoupit smrt za spravedlivého člověka, i když za takového by se snad někdo odvážil nasadit život. Bůh však prokazuje svou lásku k nám tím, že Kristus za nás zemřel, když jsme ještě byli hříšní.“* Skutečně, Bůh projevil svou lásku k nám tím, že nelítostně obětoval svého jediného Syna.

Dveře ke spasení jsou doširoka otevřené tak, že každý, kdo přijme Ježíše Krista jako svého osobního Spasitele, bude spasen a vejde do nebe. Přesto většina lidí nejeví o nebe a peklo zájem, i když o nich slyší. Navíc někteří z nich dokonce pronásledují lidi, kteří hlásají evangelium.

Nejsmutnějším faktem je, že lidé, kteří prohlašují, že věří v Boha, stále milují svět a dopouštějí se hříchů, protože ve skutečnosti nemají žádnou naději v nebe a žádný strach z pekla.

Výpovědi svědků a Bible

Nebe a peklo se nacházejí v duchovním světě, který skutečně existuje. Bible existenci nebe a pekla mnohokrát zmiňuje. Svědčí o nich také ti, kdo v nebi nebo v pekle byli. V Bibli nám například Bůh říká, jak žalostným místem peklo je, abychom mohli získat věčný život v nebi namísto toho, abychom po smrti skončili v pekle.

> *„Svádí-li tě k hříchu tvá ruka, utni ji; lépe je pro tebe, vejdeš-li do života zmrzačen, než abys šel s oběma rukama do pekla, do ohně neuhasitelného, [kde jejich červ neumírá a oheň nehasne]. A svádí-li tě k hříchu noha, utni ji; je lépe pro tebe, vejdeš-li do života chromý, než abys byl s oběma nohama uvržen do pekla, [kde jejich červ neumírá a oheň nehasne.] jestliže tě svádí oko, vyloupni je; je lépe pro tebe, vejdeš-li do Božího království jednooký, než abys byl s oběma očima uvržen do pekla, kde jejich červ neumírá a oheň nehasne. Každý bude solen ohněm“* (Marek 9:43-49).

Ti, kdo byli v pekle, vypovídají stejně, jak to hlásá Bible. V pekle, „kde jejich červ neumírá a oheň nehasne. Každý bude solen ohněm.“

Je nad slunce jasnější, že po smrti existují nebe a peklo, jak se o tom píše v Bibli. Proto byste měli vejít do nebe a to tak, že budete žít v souladu s Božím slovem a přitom věřit ve své mysli v existenci nebe a pekla.

Neměli byste skončit tak, že budete naříkat s výčitkami svědomí jako duše uvedená výše, která trpí nekonečně dlouho v podsvětí, protože odmítla přijmout Pána navzdory mnoha příležitostem, kdy slyšela evangelium.

V Janovi 14:11-12 nám Ježíš říká: „*Věřte mi, že já jsem v Otci a Otec ve mně; ne-li, věřte aspoň pro ty skutky! Amen, amen, pravím vám: ‚Kdo věří ve mne, i on bude činit skutky, které já činím, a ještě větší, neboť já jdu k Otci.‘*“

Že je konkrétní osoba Božím člověkem můžete rozpoznat tak, že ji doprovázejí mocné skutky přesahující lidské schopnosti a můžete také potvrdit, že její poselství je v souladu s pravdivým Božím slovem.

Když podnikám výpravy po celém světě, šířím Ježíše Krista a předvádím mocné skutky živého Boha. Když se modlím ve jménu Ježíše Krista, spousta lidí uvěří a přijme spasení, protože se konají úžasné a mocné skutky: slepý začne vidět, němý mluvit, chromý chodit, umírající ožije a tak dále.

Tímto způsobem Bůh skrze mne projevuje své mocné skutky. Také mi dopodrobna objasňuje nebe a peklo a chce, abych o nich hlásal po celém světě, aby mohlo být spaseno co nejvíce lidí.

V dnešní době má mnoho lidí zájem o život po smrti – duchovní svět – ale je nemožné se o duchovním světě něco konkrétního dozvědět pouze díky lidskému úsilí. Částečně se o něm můžete dozvědět z Bible. Nicméně dozvědět se něco konkrétního můžete pouze tehdy, když vám to Bůh zjeví skrze

Ducha svatého a jste tedy naplněni Duchem svatým, který zkoumá všechno, i hlubiny Boží (1 Korintským 2:10).

Doufám, že uvěříte mému popisu pekla založeném na verších z Bible, protože Bůh sám mi toto zjevil, když jsem byl zcela naplněn Duchem.

Proč hlásat Boží soud a trest v pekle

Když pronáším poselství o pekle, ti, kdo mají víru, jsou naplněni Duchem svatým a naslouchají jim bez jakéhokoliv strachu. Nicméně jsou tu také ti, jejichž tvář ustrne v napětí a jejich obvyklá souhlasná odpověď „Amen" nebo „Ano" během kázání pozvolna slábne.

Přinejhorším se stane, že lidé se slabou vírou přestanou navštěvovat bohoslužby nebo dokonce ve strachu odejdou z církevního sboru namísto toho, aby se utvrdili ve své víře v naději, že vejdou do nebe.

Já však musím vykreslit peklo, protože znám Boží srdce. Bůh horlivě usiluje o lidi, kteří směřují do pekla, stále žijí v temnotě a dělají kompromisy se světským způsobem života, ačkoliv někteří z nich hlásají svou víru v Ježíše Krista.

Proto v této knize dopodrobna vylíčím peklo, aby Boží děti mohly přebývat ve světle a opustily temnotu. Bůh chce, aby jeho děti činily pokání a vešly do nebe, třebaže mohou pociťovat strach a cítit znepokojení, když slyší o Božím soudu a trestu v pekle.

2. Podobenství o bohatém muži a žebráku Lazarovi

V Lukášovi 16:19-31 odešli jak bohatý muž, tak žebrák Lazar po smrti do podsvětí. Situace a podmínky na místech, kde každý z mužů od té doby pobýval, byly extrémně rozdílné.

Bohatý muž trpěl ve velikých mukách ohně, zatímco Lazar byl po boku Abrahama daleko za velikou propastí. Proč?

Ve starozákonní době se Boží soud konal podle Mojžíšova zákona. Na jednu stranu se bohatému muži dostalo trestu ohněm, protože nevěřil v Boha, ačkoliv žil na tomto světě ve velikém přepychu. Na druhou stranu se mohl žebrák Lazar těšit z věčného odpočinku, protože věřil v Boha, i když byl plný vředů a toužil se nasytit aspoň tím, co spadlo se stolu toho boháče.

Život po smrti stanovený Božím soudem

Ve Starém zákoně najdeme, že naši praotcové víry včetně Jákoba a Jóba prohlašují, že sejdou po smrti do podsvětí (Genesis 37:35; Jób 7:9). Kórach a všichni jeho lidé, kteří se postavili proti Mojžíšovi, sestoupili zaživa do podsvětí, a to za Božího hněvu (Numeri 16:33).

Starý zákon také zmiňuje „Sheol." Podsvětí je české slovo pro „Sheol" i „Hades." A podsvětí je rozděleno do dvou částí: horního podsvětí náležejícího k nebi a dolního podsvětí náležejícího k peklu.

A tak víme, že praotcové víry jako Jákob a Jób a žebrák Lazar sestoupili do horního podsvětí, které náleží k nebi, zatímco

Kórach a bohatý muž sestoupili do dolního podsvětí, které náleží k peklu.

Stejně tak skutečně existuje život po smrti a všichni muži a ženy směřují podle Božího soudu do nebe nebo do pekla. Naléhavě vás proto nabádám, abyste věřili v Boha a mohli být spaseni z cesty směřující do pekla.

3. Struktura nebe a pekla

Bible při zmínce nebe a pekla používá různé názvy. Faktem je, že můžete rozpoznat, že nebe a peklo nejsou na stejném místě.

Jinými slovy, nebe se vztahuje na „horní podsvětí," „ráj" nebo „nový Jeruzalém." To proto, že nebe, sídlo spasených duší, je rozčleněno a rozděleno na mnoho různých míst.

Jak jsem již vysvětlil v knihách *„Měřítko Víry"* a *„Nebe I & II,"* žít blíže Božímu trůnu v novém Jeruzalémě smíte do té míry, do jaké jste znovu získali ztracený obraz Boha Otce. Jinak smíte vejít do třetího nebeského království, druhého nebeského království nebo prvního nebeského království podle měřítka své vlastní víry. Ti, kdo jsou stěží spaseni, smí vstoupit do ráje.

O sídle nespasených duší nebo zlých duchů se mluví jako o „hořícím jezeře," „jezeře, kde hoří síra" nebo o „propasti (bezedné jámě)." Zrovna jako je nebe rozděleno do mnoha míst, peklo je rovněž rozděleno do mnoha míst, protože obydlí každé duše se liší od obydlí druhé podle míry jejích zlých skutků na tomto světě.

Struktura nebe a pekla

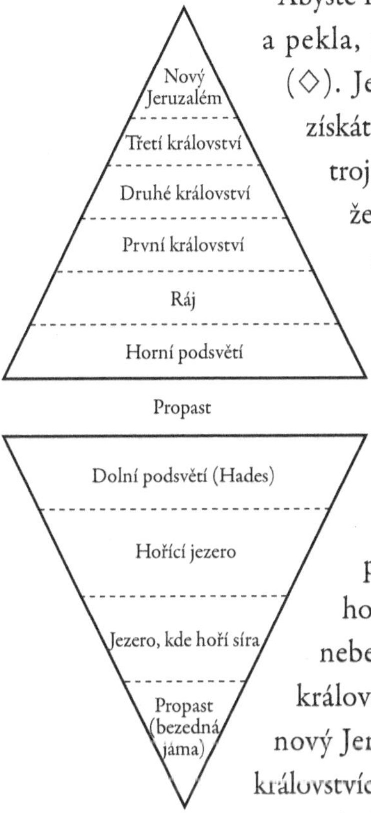

Nový Jeruzalém
Třetí království
Druhé království
První království
Ráj
Horní podsvětí
Propast
Dolní podsvětí (Hades)
Hořící jezero
Jezero, kde hoří síra
Propast (bezedná jáma)

Abyste lépe porozuměli struktuře nebe a pekla, představte si tvar diamantu (◇). Jestliže tento tvar rozpůlíte, získáte trojúhelník (△) a převrácený trojúhelník (▽). Předpokládejme, že vrchní trojúhelník představuje nebe a převrácený trojúhelník představuje peklo.

Nejvyšší část vrchního trojúhelníku odpovídá novému Jeruzalému, zatímco jeho nejnižší část koresponduje s horním podsvětím. Jinými slovy, nad horním podsvětím jsou ráj, první nebeské království, druhé nebeské království, třetí nebeské království a nový Jeruzalém. Nicméně, o různých královstvích byste neměli přemýšlet jako o prvním, druhém nebo třetím patře budovy na tomto světě. V duchovním světě je nemožné nakreslit čáru, abyste oddělili zemi, jako to děláte tady na tomto světě a říct, jaký je její tvar. Vysvětluji to tímto způsobem, aby mohli lidé těla jasněji pochopit nebe a peklo.

Ve vrchním trojúhelníku vrchol odpovídá novému Jeruzalému, zatímco jeho nejnižší část koresponduje s horním podsvětím. Jinými slovy, čím výše jdete nahoru po trojúhelníku, tím lepší nebeské království naleznete.

Na druhém obrazci, převráceném trojúhelníku, odpovídá nejvyšší a nejširší část dolnímu podsvětí. Čím blíže se dostáváte ke spodní straně, k tím hlubší části pekla se blížíte; dolní podsvětí, hořící jezero, jezero, kde hoří síra a propast. Propast zmiňovaná v Lukášovi a Zjevení se vztahuje na nejhlubší část pekla.

U vrchního trojúhelníku se plocha tím, jak se blížíte od spodu nahoru, zmenšuje – od ráje po nový Jeruzalém. Tento tvar nám ukazuje, že množství lidí, kteří vstoupí do nového Jeruzaléma, je relativně malé ve srovnání s množstvím lidí, kteří vstoupí do ráje, prvního nebo druhého nebeského království. Je to proto, že vstoupit do nového Jeruzaléma smí pouze ti, kdo dosáhnou svatosti a dokonalosti skrze posvěcení svého srdce a následují srdce Boha Otce.

Jak můžete vidět v převráceném trojúhelníku, poměrně menší část lidí jde do hlubší části pekla, protože jsou na toto místo vrženi pouze ti, jejichž svědomí bylo označeno a kteří se dopustili nejhoršího zla. Větší množství lidí, kteří spáchali relativně lehké hříchy, jde do horní, širší části pekla.

A tak se nebe a peklo dá přirovnat ke tvaru diamantu. Neměli byste však usoudit, že nebe má tvar trojúhelníku nebo že peklo má tvar převráceného trojúhelníku.

Veliká propast mezi nebem a peklem

Mezi vrchním trojúhelníkem – nebem – a převráceným trojúhelníkem – peklem, existuje veliká propast. Nebe a peklo spolu navzájem nesousedí, ale jsou od sebe nadmíru vzdálené. Bůh stanovil hranici velmi jasně tak, aby duše v nebi a v pekle nemohly mezi nebem a peklem cestovat tam a zpátky. Pouze ve velmi zvláštním případě, který Bůh připustí, je možné vidět se a mluvit jeden s druhým způsobem, jakým mluvil bohatý muž a Abraham.

Mezi dvěma symetrickými trojúhelníky existuje veliká propast. Lidé nemohou z nebe do pekla přicházet a odcházet a naopak. Přesto, jestliže to Bůh dovolí, mohou se lidé v nebi a v pekle navzájem vidět, slyšet a v duchu spolu mluvit bez ohledu na vzdálenost.

Snad tomu lépe porozumíte, když si vybavíte, jak můžeme díky rychlému pokroku a rozvoji vědy a techniky mluvit s lidmi na druhé straně zeměkoule po telefonu nebo dokonce tváří v tvář na obrazovce přes satelity.

Třebaže je zde veliká propast mezi nebem a peklem, bohatý muž mohl vidět Lazara odpočívajícího po boku Abrahama a mohl s Božím svolením s Abrahamem v duchu mluvit.

4. Horní podsvětí a ráj

Abych byl přesný, horní podsvětí není částí nebe, ale můžeme ho považovat za část náležející k nebi, zatímco dolní podsvětí je částí pekla. Role horního podsvětí se od starozákonní do novozákonní doby změnila.

Horní podsvětí ve starozákonní době

Ve starozákonní době čekaly spasené duše v horním podsvětí. Abraham, praotec víry, měl na starost horní podsvětí, a proto Bible mluví o tom, že Lazar odpočíval u Abrahama.

Od vzkříšení a nanebevstoupení Pána Ježíše Krista však již nejsou spasené duše více u Abrahama, ale jsou přeneseny do ráje k Pánovi. Proto Ježíš v Lukášovi 23:43 řekl jednomu z lupičů, který činil pokání a přijal Ježíše jako svého Spasitele, zatímco Ježíš visel na kříži: „*Amen, pravím ti, dnes budeš se mnou v ráji*" (Lukáš 23:43).

Odešel Ježíš ihned po svém ukřižování do ráje? 1 Petrův 3:18-19 nám říká: „*Vždyť i Kristus dal svůj život jednou provždy za hříchy, spravedlivý za nespravedlivé, aby nás přivedl k Bohu. Byl usmrcen v těle, ale obživen Duchem. Tehdy také přišel vyhlásit zvěst duchům ve vězení.*" Z tohoto verše je patrné, že Ježíš kázal evangelium všem potenciálně spaseným duším čekajícím v horním podsvětí. Podrobně to proberu ve 2. kapitole.

Ježíš, který tři dny kázal evangelium v horním podsvětí, vzal s sebou do ráje duše, které budou spaseny, když byl vzkříšen a vystoupil do nebe. Dnes pro nás Ježíš připravuje místo v nebi, jak řekl: „*Jdu, abych vám připravil místo*" (Jan 14:2).

Ráj v novozákonní době

Potom, co Ježíš doširoka otevřel dveře ke spasení, nejsou již spasené duše déle v horním podsvětí. Přebývají na předměstí ráje, v čekárně na nebe, a to do doby, než nastane konec tříbení člověka. A potom, až proběhne soud u velkého bílého trůnu, každá z nich vstoupí podle míry své víry na své vlastní místo v nebi a bude zde žít navěky věků.

V novozákonní době čekají všechny spasené duše v ráji. Někteří lidé si mohou lámat hlavu s tím, zda je možné, aby tak mnoho lidí žilo v ráji, protože od doby Adama se narodila spousta lidí. „Pastore Lee! Jak je možné, aby taková spousta lidí žila v ráji? Obávám se, že ráj nemůže být dostatečně velký, aby v něm žili pohromadě všichni tito lidé, třebaže je určitě velmi rozlehlý."

Sluneční soustava, ke které náleží naše země, je v porovnání s galaktickou soustavou pouhou tečkou. Dokážete si představit, jak velká je galaktická soustava? Přesto je galaktická soustava v porovnání s celým vesmírem pouhou tečkou. Dokážete si potom představit, jak rozlehlý je celý vesmír?

Obrovský vesmír, ve kterém žijeme, je navíc pouze jedním z bezpočtu vesmírů a rozlehlost úplně celého vesmíru přesahuje všechny naše představy. A tak, jestliže je pro vás nemožné pochopit rozlehlost fyzického vesmíru, jak jen můžete porozumět rozlehlosti nebe v duchovním světě?

Obrovská rozlehlost samotného ráje přesahuje naše představy. Mezi nejbližším místem k prvnímu království a okrajem ráje vede nesmírná vzdálenost. Dokážete si nyní představit, jak obrovský je samotný ráj?

Duše získávají v ráji duchovní poznání

Ačkoliv v ráji je čekárna na cestě do nebe, není to těsné nebo nudné místo. Je tak překrásné, že ho nelze srovnávat ani s nejúžasnější scenérií tohoto světa.

Čekající duše získávají v ráji duchovní poznání od některého z proroků. Učí se o Bohu a nebi, duchovním zákoně a jiném nezbytném duchovním poznání. U duchovního poznání neexistuje žádné omezení. Studium zde je zcela rozdílné od studia na tomto světě. Není ani obtížné ani nudné. Čím více se duše učí, tím větší milost a radost získávají.

Ti, kdo mají čisté a mírné srdce, mohou získat značné množství duchovního poznání prostřednictvím komunikace s Bohem už i na tomto světě. Mnoho věcí můžete rovněž pochopit díky vnuknutí Ducha svatého, když se na věci díváte svým duchovním zrakem. I na tomto světě můžete zakusit duchovní Boží moc, protože můžete pochopit duchovní zákony víry a Boží odpovědi na své modlitby do té míry, do jaké obřežete své srdce.

Jakou zakoušíte radost a jak šťastní jste, když se učíte o duchovních věcech a zažíváte je na tomto světě? Zkuste si představit, o co šťastnější a veselejší budete, když budete získávat hlubší duchovní poznání v ráji, který náleží k nebi.

Kde potom ale žijí proroci? Žijí v ráji? Ne. Duše, které jsou oprávněné vstoupit do nového Jeruzaléma, nečekají v ráji, ale v novém Jeruzalémě, kde Bohu pomáhají při jeho práci.

Než byl Ježíš ukřižován, bylo Abrahamovi svěřeno horní podsvětí. Po Ježíšově vzkříšení a nanebevstoupení však Abraham odešel do nového Jeruzaléma, protože splnil svou povinnost v horním podsvětí. Kde byli potom Mojžíš a Elijáš, když byl Abraham v horním podsvětí? Nebyli v ráji, ale byli již v novém Jeruzalémě, protože byli oprávněni vstoupit do nového Jeruzaléma (Matouš 17:1-3).

Horní podsvětí v novozákonní době

Možná jste viděli film, ve kterém je duše člověka podobající se svému fyzickému tělu oddělena po smrti od svého těla a následuje buď anděly z nebe nebo posly z pekla. Ve skutečnosti je spasená duše vyvedena do nebe dvěma anděly v bílém rouchu potom, co je duše oddělena od svého těla v momentě, kdy zemře. Ten, kdo toto ví nebo se to dozví, nebude vyděšen, i když se jeho duše oddělí od jeho těla, když zemře. Ten, kdo o tom vůbec neví, je však šokován, když uvidí jinou osobu, která vypadá přesně jako on sám, oddělený od svého těla.

Duše oddělená od svého fyzického těla se bude nejprve cítit velmi podivně a zvláštně. Její stav se velmi liší od toho předešlého, protože nyní zažívá obrovské změny, zatímco předtím žila ve trojrozměrném světě, ale nyní žije ve světě čtyřrozměrném.

Oddělená duše necítí tíhu těla a může ji to svádět k létání okolo, protože se cítí velmi lehká. Z tohoto důvodu je zde nutný nějaký čas, aby se naučila základní věci a přizpůsobila se duchovnímu světu. Proto předtím, než jdou do ráje, zůstávají spasené duše v novozákonní době provizorně v horním podsvětí a přizpůsobují se zde duchovnímu světu.

5. Dolní podsvětí, čekárna na cestě do pekla

Nejhořejší částí pekla je dolní podsvětí. Jak někdo v rámci pekla sestupuje níže, najde zde hořící jezero, jezero, kde hoří síra a propast, nejhlubší část pekla. Nespasené duše od počátku časů nejsou ještě v pekle, ale jsou stále v dolním podsvětí.

Mnoho lidí prohlašuje, že byli v pekle. Mohu říct, že ve skutečnosti viděli trýznivé scény z dolního podsvětí. To proto, že nespasené duše jsou uvězněny v různých částech dolního podsvětí podle vážnosti svých hříchů a své špatnosti a nakonec budou po soudu u velkého bílého trůnu uvrženy do hořícího jezera nebo do jezera, kde hoří síra.

Utrpení nespasených duší v dolním podsvětí

V Lukášovi 16:24 je dobře popsáno utrpení uložené nespasenému bohatému muži v dolním podsvětí. Ve svých mukách žádal bohatý muž o kapku vody: *„Otče Abrahame, smiluj se nade mnou a pošli Lazara, ať omočí aspoň špičku prstu ve vodě a svlaží mé rty, neboť se trápím v tomto plameni.“*

Jak by neměly být duše vyděšené a netřást se strachem, při němž stydne krev v žilách vzhledem k tomu, že jsou neustále trápeny vprostřed křiku ostatních lidí v mukách ve zničujícím ohni bez jakékoliv naděje smrti v pekle, kde červ neumírá a oheň nehasne?

Krutí poslové pekla týrají duše v temnotě černé jako smůla,

v dolním podsvětí. Celé místo je prosáknuto krví a strašlivým zápachem z rozkládajících se mrtvol, takže je velmi obtížné jen dýchat. Nicméně, tresty v pekle nelze srovnávat s tresty v dolním podsvětí.

Od 3. kapitoly dále se budu podrobně zabývat konkrétními příklady toho, jak hrozným místem dolní podsvětí je a jaké druhy trestů se ukládají v hořícím jezeře a v jezeře, kde hoří síra.

Nespasené duše jsou v dolním podsvětí velmi kajícné

V Lukášovi 16:27-30 bohatý muž nevěřil v existenci pekla, ale pochopil, jak byl hloupý a cítil v ohni po své smrti výčitky svědomí. Bohatý muž naléhavě žádal Abrahama, aby poslal Lazara k jeho bratrům, aby alespoň oni nemuseli přijít do pekla.

> *„‚Prosím tě tedy, otče, pošli jej do mého rodného domu, neboť mám pět bratrů, ať je varuje, aby také oni nepřišli do tohoto místa muk.' Ale Abraham mu odpověděl: ‚Mají Mojžíše a Proroky, ať je poslouchají!' On řekl: ‚Ne tak, otče Abrahame, ale přijde-li k nim někdo z mrtvých, budou činit pokání.'"*

Co by asi řekl bohatý muž svým bratrům, kdyby mu byla dána šance s nimi osobně promluvit? Jistě by jim pověděl: „Definitivně vím, že existuje peklo. Prosím, žijte opravdu podle Božího slova, abyste nepřišli do pekla, protože peklo je strašným místem, na kterém vstávají vlasy hrůzou."

Dokonce i v nekonečné trýznivé bolesti chtěl bohatý muž

vážně zachránit své bratry před peklem a není pochyb o tom, že měl poměrně dobré srdce. A co lidé v dnešní době?

Jednou mi Bůh zjevil manželský pár mučený v pekle, protože odešel od Boha a opustil církev. V pekle se navzájem obviňovali, proklínali, nenáviděli jeden druhého a dokonce si přáli, aby ten druhý trpěl větší bolestí.

Bohatý muž si přál, aby byli jeho bratři spaseni, protože jeho srdce bylo poměrně dobré. Měli byste však pamatovat na to, že bohatý muž byl přesto vhozen do pekla. Musíte rovněž pamatovat na to, že nemůžete získat spasení jen tím, že prohlásíte: „Já věřím."

Člověku je určeno zemřít a po smrti půjde buď do nebe nebo do pekla. Proto byste neměli být pošetilí, ale měli byste se stát opravdovými věřícími.

Moudrý člověk se na život po smrti připravuje

Moudří lidé se na život po smrti skutečně připravují, zatímco většina lidí velmi namáhavě pracuje, aby získali pocty a moc a vybudovali si bohatství, blahobyt a dlouhověkost na tomto světě.

Moudří lidé hromadí své bohatství v nebi podle Božího slova, protože všichni velmi dobře vědí, že si s sebou do hrobu nemohou nic vzít.

Možná jste někdy slyšeli svědectví těch, kdo navštívili nebe a nemohli v něm najít svůj vlastní dům, ačkoliv údajně věřili v Boha a vedli život v Kristu. Pokud pilně hromadíte své bohatství v nebi, zatímco žijete jako vzácné Boží dítě na tomto světě, budete mít v nebi velký a nádherný dům!

Když zápasíte, abyste měli a udrželi si důvěřující víru, abyste mohli vstoupit do nádherného nebe a když si ve víře pilně ukládáte svůj poklad v nebi a připravujete se jako nevěsta pro Pána, který se velmi brzy vrátí, jste skutečně požehnaní a moudří.

Jakmile člověk jednou zemře, nemůže žít svůj život znovu. A tak prosím mějte víru a vězte, že existuje nebe a peklo. Navíc, když víte, že nespasené duše v pekle trpí velikými muky, měli byste hlásat nebe a peklo každému, kdo vám v životě zkříží cestu. Představte si, jak se Bohu budete líbit!

Těm, kdo hlásají lásku Boha, který chce všechny lidi zavést na cestu spasení, bude v tomto životě požehnáno a budou zářit v nebi jako slunce.

Doufám, že uvěříte v živého Boha, který soudí a odměňuje a pokusíte se stát opravdovými Božími dětmi. Ve jménu Pána Ježíše Krista se modlím, abyste zavedli co nejvíce lidí zpátky k Bohu a ke spasení a Bůh z vás mohl mít velikou radost.

Kapitola 2

Cesta spasení pro ty, kdo nikdy neslyšeli evangelium

1. Soud svědomí
2. Nenarozené děti kvůli interrupci nebo samovolnému potratu
3. Děti od narození do věku pěti let
4. Děti od věku šesti let po věk teenagera
5. Byli Adam a Eva spaseni?
6. Co se stalo s prvním vrahem Kainem?

„Jestliže národy, které nemají zákon,
samy od sebe činí to, co zákon žádá,
pak jsou samy sobě zákonem, i když zákon nemají.
Tím ukazují, že to, co zákon požaduje, mají napsáno
ve svém srdci, jak dosvědčuje jejich svědomí,
poněvadž jejich myšlenky je jednou obviňují, jednou hájí."
- Římanům 2:14-15 -

„Ale Hospodin řekl: ‚Nikoli, kdo by Kaina zabil,
bude postižen sedmeronásobnou pomstou.'
A Hospodin poznamenal Kaina znamením,
aby jej nikdo, kdo ho najde, nezabil."
- Genesis 4:15 -

Bůh ukázal svou lásku k nám tím, že vydal svého jediného Syna Ježíše Krista, aby byl ukřižován pro spásu všech lidí.

Rodiče milují své malé děti, ale přejí si, aby jejich děti dospěly do té míry, aby pochopily jejich srdce a sdílely s nimi svou lásku a bolest.

Podobně i Bůh chce, aby byly všechny lidské bytosti spaseny. Kromě toho si Bůh přeje, aby jeho děti dostatečně dozrály ve víře, poznaly srdce Boha Otce a sdílely s ním hlubokou lásku. Proto apoštol Pavel v 1 Timoteovi 2:4 píše, že Bůh chce, aby všichni lidé došli spásy a poznali pravdu.

Měli byste vědět, že Bůh detailně zjevuje peklo a duchovní svět proto, že ve své lásce touží, aby všichni lidé získali spasení a plně dozráli ve víře.

V této kapitole dopodrobna vysvětlím, zda je možné, aby ti, kdo zemřeli, aniž by kdy poznali Ježíše Krista, byli spaseni.

1. Soud svědomí

Mnoho lidí, kteří nevěří v Boha, uznává alespoň existenci nebe a pekla, ale nemohou jít jednoduše do nebe jen proto, že uznávají nebe a peklo.

Jak nám Ježíš v Janovi 14:6 říká: „*Já jsem ta cesta, pravda i život. Nikdo nepřichází k Otci než skrze mne,*“ můžete být spaseni a jít do nebe pouze skrze Ježíše Krista.

Jak potom můžete být spaseni? Apoštol Pavel nám v Římanům 10:9-10 ukazuje cestu ke konkrétnímu spasení:

Vyznáš-li svými ústy Ježíše jako Pána a uvěříš-li ve svém srdci, že ho Bůh vzkřísil z mrtvých, budeš spasen. Srdcem věříme k spravedlnosti a ústy vyznáváme k spasení.

Předpokládejme, že existují lidé, kteří neznají Ježíše Krista. V důsledku toho nevyznají: „Ježíš je Pán." Neuvěří v Ježíše Krista ani svým srdcem. Je potom pravda, že nikdo z nich nemůže být spasen?

Značné množství lidí žilo ještě před Ježíšovým příchodem na zem. Dokonce i v novozákonní době existovali lidé, kteří zemřeli, aniž by kdy slyšeli evangelium. Mohou být tito lidé spaseni?

Jaký bude osud těch lidí, kteří zemřeli tak brzy, že nikdy nedospěli ani nezmoudřeli natolik, aby rozpoznali víru? A co nenarozené děti, které zemřely kvůli interrupci nebo samovolnému potratu? Musí jít všichni bezpodmínečně do pekla, protože neuvěřili v Ježíše Krista? Ovšem, že nemusí.

Bůh lásky ve své spravedlnosti otevírá dveře spasení pro každého skrze „soud svědomí."

Ti, kdo hledali boha a žili s dobrým svědomím

Římanům 1:20 říká: „*Jeho věčnou moc a božství, které jsou neviditelné, lze totiž od stvoření světa vidět, když lidé přemýšlejí o jeho díle, takže nemají výmluvu.*" Proto lidé s dobrým srdcem věří v existenci boha tak, že vidí jeho dílo a přemýšlejí o něm.

Kazatel 3:11 nám říká, že Bůh dal lidem do srdce i touhu po

věčnosti. Takže dobří lidé přirozeně hledají boha a neurčitě věří v život po smrti. Dobří lidé se bojí nebes a snaží se žít dobrý a spravedlivý život, třebaže nemuseli nikdy slyšet evangelium. Proto žijí do určité míry podle vůle svých bohů. Kdyby bývali slyšeli evangelium, jistě by byli přijali Pána a šli do nebe.

Právě z tohoto důvodu Bůh dovolil dobrým duším setrvávat v horním podsvětí, které slouží jako cesta vedoucí do nebe, dokud Ježíš nezemřel na kříži. Po Ježíšově ukřižování je Bůh vedl ke spasení skrze Ježíšovu krev tak, že jim umožnil vyslechnout si evangelium.

Vyslechnutí evangelia v horním podsvětí

Bible nám říká, že Ježíš potom, co zemřel, vyhlásil evangelium v horním podsvětí.

Jak poznamenává 1 Petrův 3:18-19: „*Vždyť i Kristus dal svůj život jednou provždy za hříchy, spravedlivý za nespravedlivé, aby nás přivedl k Bohu. Byl usmrcen v těle, ale obživen Duchem. Tehdy také přišel vyhlásit zvěst duchům ve vězení,*“ Ježíš vyhlásil evangelium duším v horním podsvětí, aby mohly být také spaseny skrze jeho krev.

Potom, co uslyšeli evangelium, dostali lidé, kteří jej ve svém životě neslyšeli, konečně šanci poznat Ježíše Krista a být spaseni.

Bůh nedal jiné jméno, kromě Ježíše Krista, jímž bychom mohli být spaseni (Skutky 4:12). Dokonce i v novozákonní době jsou ti, kdo neměli příležitost slyšet evangelium, spaseni skrze soud svědomí. Zůstávají po dobu tří dnů v horním podsvětí, kde slyší evangelium a potom vstupují do nebe.

Lidé, kteří nemají čisté svědomí, nikdy nehledají Boha, žijí v hříchu a libují si ve svých vlastních vášních. Neuvěřili by v evangelium, i kdyby ho slyšeli. Po smrti budou posláni do dolního podsvětí, aby tam žili v trestu a nakonec po soudu u velkého bílého trůnu propadnou peklu.

Soud svědomí

Pro člověka je nemožné, aby přesně soudil svědomí někoho druhého, protože pouhý člověk nedokáže přesně číst srdce jiných lidí. Všemohoucí Bůh však dokáže rozpoznat srdce každého a učinit tak spravedlivý soud.

Římanům 2:14-15 nám objasňuje soud svědomí. Dobří lidé vědí, co je dobré nebo zlé, protože jejich svědomí jim umožňuje znát požadavky zákona.

> *„Jestliže národy, které nemají zákon, samy od sebe činí to, co zákon žádá, pak jsou samy sobě zákonem, i když zákon nemají. Tím ukazují, že to, co zákon požaduje, mají napsáno ve svém srdci, jak dosvědčuje jejich svědomí, poněvadž jejich myšlenky je jednou obviňují, jednou hájí.“*

A tak dobří lidé ve svém životě nenásledují cestu zla, ale následují cestu dobra. Tudíž podle soudu svědomí zůstávají po tři dny v horním podsvětí, kde slyší evangelium a jsou spaseni.

Jako příklad nám může posloužit admirál Soon Shin Lee*,

který žil dobrý život podle svého dobrého svědomí (*Poznámka redaktora: Admirál Lee byl vrchním velitelem námořních sil pro dynastii Chosun v 16. století v Koreji). Admirál Lee žil v pravdě, třebaže neznal Ježíše Krista. Byl vždy loajální ke svému králi, ke své zemi a k lidem, které chránil. Dobře se choval ke svým rodičům, byl jim věrný a miloval své bratry. Nikdy nepokládal své vlastní zájmy za přednější než zájmy druhých a nikdy nevyhledával pocty, moc nebo bohatství. Pouze sloužil a obětoval sám sebe za své bližní a svůj lid.

Nenajdete v něm ani špetku zla. Admirál Lee byl na základě falešného obvinění poslán do vyhnanství, a to bez jakýchkoliv stížností nebo úmyslu pomstít se svému nepříteli. Nereptal proti králi, i když mu král, který ho poslal do vyhnanství, znovu nařídil bojovat na bojišti. Namísto toho děkoval králi z celého svého srdce, zformoval znovu vojsko do bojeschopného stavu a bojoval v bitvách, kde riskoval svůj vlastní život. Kromě toho věnoval čas modlitbám na kolenou ke svému bohu, protože uznával jeho existenci. Z jakých důvodů by ho Bůh neměl vést do nebe?

Ti, kdo jsou vyloučeni ze soudu svědomí

Mohou být lidé, kteří slyšeli evangelium, ale neuvěřili v Boha, vystaveni soudu svědomí?

Vaši rodinní příslušníci nemohou podléhat soudu svědomí, jestliže nepřijali evangelium, třebaže ho od vás slyšeli. Je čestné, aby nebyli spaseni, pokud odmítli evangelium, ačkoliv měli mnoho příležitostí ho slyšet.

Přesto byste měli horlivě hlásat dobrou zprávu, protože i když jsou lidé dostatečně špatní na to, aby šli do pekla, můžete jim poskytnout více příležitostí k tomu, aby skrze vaše úsilí získali spasení.

Každé Boží dítě je dlužníkem evangelia a má povinnost ho šířit. Jestliže jste nikdy nehlásali evangelium své rodině včetně svých rodičů, sourozenců, příbuzných a tak dále, Bůh se vás bude v den soudu ptát. „Proč jsi neevangelizoval své rodiče a bratry?“ „Proč jsi neevangelizoval své děti?“ „Proč jsi neevangelizoval své přátele?“

Proto, pokud opravdu chápete lásku Boha, který obětoval dokonce i svého vlastního a jediného Syna a jestliže opravdu znáte lásku Pána, který pro nás zemřel na kříži, měli byste šířit dobrou zprávu lidem každý Boží den.

Spasení duší je ta pravá cesta k uhašení žízně Pána, který křičel na kříži: „Žízním“ a ke splacení ceny krve našeho Pána.

2. Nenarozené děti kvůli interrupci nebo samovolnému potratu

Jaký je osud nenarozených dětí, které zemřou kvůli potratu dříve, než se narodí? Po fyzické smrti je duchu lidské bytosti neodvratně určeno jít buď do nebe nebo do pekla, protože duch lidské bytosti, třebaže je velmi mladý, nemůže být zničen.

Duch je dán pět měsíců po početí

Kdy je plodu dán duch? Plodu není dán duch do šestého

měsíce těhotenství.

Podle lékařské vědy se u plodu po pěti měsících od početí vyvíjejí orgány sluchu, oči a oční víčka. Mozkové laloky, které aktivují funkci mozku, se rovněž utvářejí pět až šest měsíců po početí.

Když má plod šest měsíců, je mu dán duch a má fakticky podobu lidské bytosti. Když dojde k potratu před tím, než je mu dán duch, nejde plod do nebe nebo do pekla, protože plod bez ducha je takřka jako zvíře.

Kazatel 3:21 říká: *„Kdo ví, zda duch lidských synů stoupá vzhůru a duch zvířat sestupuje dolů k zemi?"* „Duch lidských synů" zde naznačuje, co je spojeno s duchem člověka, který byl dán Bohem a vede člověka k tomu, aby hledal Boha a s jeho duší, která způsobuje, že přemýšlí a poslouchá Boží slovo, zatímco „duch zvířat" se týká jen duše, a to systému, který způsobuje, že zvíře přemýšlí a jedná.

Konkrétní zvíře zanikne, když zemře, protože má pouze duši, ale ne ducha. Plod starý méně než pět měsíců těhotenství nemá ducha. A tak když zemře, zanikne stejným způsobem jako zvíře.

Interrupce je stejně těžký hřích jako vražda

Je potom hřích přerušit těhotenství u plodu mladšího než pět měsíců, protože v sobě nemá ještě ducha? Bez ohledu na to, kdy je plodu dán duch, byste neměli spáchat hřích přerušení těhotenství, protože byste měli pamatovat na to, že Bůh sám řídí lidský život.

V Žalmu 139:15-16 žalmista píše: *„Tobě nezůstala skryta*

jediná z mých kostí, když jsem byl v skrytosti tvořen a hnětem v nejhlubších útrobách země. Tvé oči mě viděly v zárodku, všechno bylo zapsáno v tvé knize: dny tak, jak se vytvářely, dřív než jediný z nich nastal."

Bůh lásky znal každého jednoho z vás ještě předtím, než jste byli utvořeni v matčině lůně a měl s vámi úžasné záměry a plány do té míry, že si je zapsal do své knihy. Proto lidská bytost, pouhé Boží stvoření, nemůže řídit život plodu, i když má stáří menší než pět měsíců.

Přerušení těhotenství u plodu je postaveno na roveň spáchání vraždy, protože přestupujete autoritu Boha, který vládne nad životem, smrtí, požehnáním a prokletím. Kromě toho, jak se opovažujete trvat na tom, že jde o bezvýznamný hřích, když zabijete svého vlastního syna nebo dceru?

Následuje odplata za hřích a zkoušky

Za žádných okolností, ať je to jakkoliv obtížné, byste nikdy neměli narušit svrchovanost Boha nad lidským životem. Mimo to není správné ukončit v honbě za potěšením život svého dítěte. Musíte si uvědomit, že sklidíte, co jste zaseli a zaplatíte za to, co jste udělali.

Mnohem závažnější je, když přerušíte těhotenství po šesti měsících těhotenství a více. Je to stejné jako vražda dospělého, protože plod již dostal ducha.

Interrupce staví mezi vás a Boha velikou hradbu z hříchů. V důsledku toho je vám uložena bolest, která má původ v rozličných zkouškách a problémech. Neřešíte-li problém hříchu, postupně se Bohu odcizíte kvůli hradbě z hříchů a nakonec můžete odejít příliš daleko, než abyste se mohli vrátit.

I ti, kdo nevěří v Boha, budou potrestáni a budou na ně uvaleny všechny druhy zkoušek a problémů, dopustí-li se zahubení plodu v mateřském lůně, protože je to vražda. Neustále je doprovázejí zkoušky a problémy, neboť Bůh je už nemůže chránit a odvrací od nich svou tvář, jestliže oni sami nezboří hradbu z hříchů.

Čiňte ze svých hříchů úplné pokání a zbořte hradbu z hříchů

Bůh neustanovil svá nařízení proto, aby odsoudil lidské bytosti, ale aby zjevil svou vůli, vedl je k pokání a spasil je.

Bůh vám rovněž umožňuje rozumět těmto věcem týkajícím se interrupce, abyste se nemuseli dopustit tohoto hříchu a mohli zničit hradbu z hříchů tak, že budete činit pokání ze svých hříchů spáchaných v minulosti.

Jestliže jste ukončili život svého dítěte v minulosti, čiňte úplné pokání a zbořte hradbu z hříchů tak, že dáte oběť smíření. Potom zkoušky a problémy zmizí, protože Bůh vám již nebude déle připomínat vaše hříchy.

Vážnost hříchu je u ukončení života dítěte potratem případ od případu různá. Například, jestliže jste ukončily život svého dítěte, protože jste otěhotněly při znásilnění, váš hřích je relativně lehký. Pokud manželský pár ukončil život svého nechtěného dítěte, jejich hřích je mnohem vážnější.

Nechcete-li z rozličných důvodů dítě ve svém lůně, měly byste ho v modlitbách svěřit Bohu. V takovém případě, jestliže Bůh nejedná v souladu s vašimi modlitbami, byste měly své dítě porodit.

Většina potracených dětí je spasena, ale existují výjimky

Šest měsíců po početí nemůže plod, třebaže mu byl dán duch, dostatečně přemýšlet, chápat nebo uvěřit něčemu ze své vlastní vůle. A tak Bůh spasí většinu plodů, které zemřou v této době bez ohledu na jejich víru nebo víru jejich rodičů.

Všimněte si, že jsem řekl „většinu“ – ne „všechny“ – plody, protože ve vzácných případech nemůže být plod spasen.

Plod může od chvíle početí zdědit špatnou povahu, pokud jeho rodiče nebo předkové do značné míry zápasili proti Bohu a vršili zlo na zlo. V tomto případě nemůže být plod spasen.

Například může jít o dítě čaroděje nebo zlých rodičů, kteří druhé lidi jen proklínali a přáli jim pouze zlé věci jako např. Hee-bin Jang* v korejské historii (*Poznámka redaktora: Paní Jang byla konkubínou krále Sook-jonga koncem 17. století. Ze žárlivosti proklela královnu). Proklela svou sokyni tak, že v krajní žárlivosti propíchla její portrét šípy. Děti takto zlých rodičů nemohou být spaseny, protože zdědí zlou povahu svých rodičů.

Mezi těmi, kdo tvrdí, že věří, existují rovněž neobyčejně zlí lidé. Takoví lidé odporují, nesprávně posuzují, odsuzují a brání působení Ducha svatého. Ze žárlivosti se rovněž pokoušejí zabít toho, kdo oslavuje Boží jméno. Jestliže došlo u dětí takovýchto rodičů k potratu, nemohou být spaseny.

S výjimkou takovýchto vzácných případů je většina

nenarozených dětí spasena. Nicméně, nemohou vejít do nebe, a to ani do ráje, neboť vůbec nedošlo k jejich tříbení na této zemi. Žijí v horním podsvětí i potom, co proběhne soud u velkého bílého trůnu.

Věčné místo pro spasené nenarozené děti

Plody, u kterých došlo k potratu po šesti a více měsících těhotenství a jsou v horním podsvětí, jsou jako nepopsaný list papíru, protože nedošlo k jejich tříbení. Proto zůstanou v horním podsvětí a vezmou na sebe v době vzkříšení tělo vhodné pro jejich duše.

Dostanou tělo, které se bude měnit a růst na rozdíl od spasených lidí, kteří na sebe vezmou duchovní a věčné tělo. Proto, i když se nejprve nacházejí ve stadiu dítěte a mají podobu dítěte, porostou, dokud nedosáhnou patřičné fáze.

Tyto děti i potom, co vyrostou, zůstanou v horním podsvětí a naplní svou duši poznáním pravdy. Snadněji to pochopíte, jestliže pomyslíte na počáteční stadium Adama v zahradě Eden a jeho proces učení.

Když byl Adam stvořen jako živý tvor, skládal se z ducha, duše a těla. Jeho tělo se však od duchovního, vzkříšeného těla lišilo a jeho duše byla nevědoucí jako duše nenarozeného dítěte. Proto Bůh sám poskytl Adamovi duchovní poznání, když s ním po dlouhou dobu chodil.

Měli byste vědět, že Adam v zahradě Eden byl stvořen bez jakéhokoliv zla v sobě, ale duše v horním podsvětí nejsou tak dobré jako byl Adam, protože již zdědily hříšnou povahu svých rodičů, kteří zažili tříbení člověka po celé generace.

Od doby pádu Adama všichni jeho potomci dědí od svých rodičů prvotní hřích.

3. Děti od narození do věku pěti let

Jak mohou být spaseny děti do věku pěti let, které nedokážou říct, co je dobré a co špatné a nerozpoznají ještě víru? Spasení dětí tohoto věku je závislé na víře jejich rodičů – obzvláště jejich matky.

Dítě může získat spasení, pokud rodiče dítěte mají druh víry, která vede ke spasení a vychovávají své dítě ve víře (1 Korintským 7:14). Přesto není pravda, že dítě nemůže být bezpodmínečně spaseno jenom proto, že rodiče dítěte nemají víru.

Tady můžete znovu zakusit Boží lásku. Genesis 25 nám ukazuje, že Bůh předem věděl, že Jákob bude v budoucnu větší než jeho starší bratr Ezau, když spolu bojovali již v matčině lůně. Vševědoucí Bůh vede všechny děti, které zemřou dříve, než dosáhnou věku pěti let, ke spasení podle soudu svědomí. To je možné proto, že Bůh ví, zda by děti přijaly Pána, kdyby měly možnost dožít se staršího věku a slyšet později ve svém životě evangelium.

Nicméně děti, jejichž rodiče nemají víru a které ani neobstojí při soudu svědomí, nevyhnutelně klesnou do dolního podsvětí náležejícího peklu a budou zde v mukách trpět.

Soud svědomí a víra jejich rodičů

Spasení dětí takto silně závisí na víře jejich rodičů. A tak by měli rodiče vychovávat své děti podle Boží vůle, aby jejich děti neskončily v pekle.

Před dlouhou dobou se jistému manželskému páru, který neměl děti, narodilo dítě díky přísaze v modlitbách. Dítě nicméně předčasně zemřelo při dopravní nehodě.

Při modlitbě jsem mohl nalézt důvod smrti jejich dítěte. Stalo se tak proto, že víra jeho rodičů ochladla a byli velmi daleko od Boha. Dítě nemohlo navštěvovat školku přidruženou k církevnímu sboru, protože se jeho rodiče oddávali světskému způsobu života. Dítě tedy začalo namísto písní chválících Boha zpívat světské písně.

V té době mělo dítě víru potřebnou k získání spasení, ale nebylo by spaseno, kdyby vyrostlo pod vlivem svých rodičů. V této situaci Bůh prostřednictvím dopravní nehody povolal dítě k věčnému životu a dal jeho rodičům příležitost činit pokání. Kdyby rodiče bývali činili pokání a navrátili se k Bohu, aniž by museli vidět své dítě zabité násilnou smrtí, nebyl by Bůh použil tohoto opatření.

Zodpovědnost rodičů za duchovní růst dětí

Víra rodičů má přímý vliv na spasení jejich dětí. Víra dětí nemůže patřičně růst, jestliže jejich rodiče nemají žádný zájem o duchovní růst svých dětí a nechávají duchovní růst svých dětí pouze na nedělní škole.

Rodiče se musí za své děti modlit, zkoumat, jestli vždy chválí v duchu a pravdivém srdci a učit je doma vést modlitební život tak, že jim sami budou dobrým příkladem.

Chci povzbudit všechny rodiče, aby byli bdělí ve své vlastní víře a vychovávali své milované děti v Pánu. Žehnám vám, aby se vaše rodina mohla těšit z věčného života v nebi společně.

4. Děti od věku šesti let po věk teenagera

Jak mohou být spaseny děti od věku šesti let po věk teenagera – asi do dvanácti let věku?

Tyto děti dokážou pochopit evangelium, když ho slyší a mohou se také rozhodnout, čemu věřit ze své vlastní vůle a podle své úvahy, ne však úplně, ale alespoň do určité míry.

Věk dětí zde pevně stanovený se samozřejmě může v případě každého dítěte poněkud lišit, protože každé dítě roste, vyvíjí se a zraje různým tempem. Důležitým faktorem je, že obvykle v tomto věku děti mohou uvěřit v Boha ze své vlastní vůle a podle své úvahy.

Svou vlastní vírou bez ohledu na víru svých rodičů

Děti od šesti do dvanácti let věku mají dost rozumu na to, aby si vybraly víru. Proto mohou být spaseny svou vlastní vírou bez ohledu na víru svých rodičů.

Vaše děti tudíž mohou jít pouze do pekla, jestliže je nevychováváte ve víře, třebaže vy sami můžete mít silnou víru.

Existují samozřejmě děti, jejichž rodiče jsou nevěřící. V takových případech je pro děti mnohem obtížnější získat spasení.

Důvod, proč rozlišuji spasení dětí před pubertou od spasení dětí v pubertálním věku, je ten, že díky hojné a přetékající Boží lásce se může u první skupiny použít soud svědomí.

Bůh může dát těmto dětem ještě jednu příležitost, aby získaly spasení, protože děti se v tomto věku nedokážou rozhodovat o věcech úplně ze své vlastní vůle a podle své úvahy, neboť jsou pořád pod vlivem svých rodičů.

Dobré děti přijmou Pána, když uslyší evangelium a obdrží pak Ducha svatého. Rovněž navštěvují církevní shromáždění, ale třeba ho nemohou navštěvovat později kvůli tvrdému pronásledování svých rodičů, kteří uctívají modly. Nicméně, od svých časných teenagerovských let si mohou zvolit, co je správné a co je špatné ze své vlastní vůle bez ohledu na úmysl svých rodičů. Jestliže opravdu věří v Boha, mohou budovat svou víru bez ohledu na to, jak tvrdá může být opozice a pronásledování ze strany jejich rodičů.

Dejme tomu, že dítě, které by mohlo mít silnou víru, pokud by mu bylo dovoleno žít déle, zemře mladé. Co se s ním potom stane? Bůh ho povede ke spasení podle zákona soudu svědomí, protože zná i ty nejskrytější hloubky jeho srdce.

Nicméně, jestliže dítě nepřijme Pána a neobstojí u soudu svědomí, nebude mít více příležitostí a nevyhnutelně skončí v pekle. Kromě toho je jasné, že spasení lidí, jejichž věk přesahuje pubertální léta, je výhradně závislé na jejich vlastní víře.

Děti narozené ve špatném prostředí

Spasení dítěte, které nedokáže činit žádné logické a správné soudy, velkou měrou závisí na duchu (povaha, energie nebo síla) rodičů a předků.

Dítě se může narodit s nějakou mentální poruchou nebo může být od svého velmi raného věku posedlé démony díky špatnosti a modlářství svých předků. To proto, že potomci jsou pod vlivem svých rodičů a předků.

Ohledně tohoto nás Deuteronomium 5:9-10 varuje následovně:

> *Nebudeš se ničemu takovému klanět ani tomu sloužit. Já HOSPODIN, tvůj Bůh, jsem Bůh žárlivě milující. Stíhám vinu otců na synech i do třetího a čtvrtého pokolení těch, kteří mě nenávidí, ale prokazuji milosrdenství tisícům pokolení těch, kteří mě milují a má přikázání zachovávají.*

1 Korintským 7:14 rovněž zaznamenává: „*Nevěřící muž je totiž posvěcen manželstvím s věřící ženou a nevěřící žena manželstvím s věřícím mužem, jinak by vaše děti byly nečisté; jsou však přece svaté!*“

A tak je pro děti, jejichž rodiče nežijí ve víře, velmi obtížné dojít spasení.

Protože Bůh je láska, neodvrací se od těch, kteří volají jeho jméno, i když se mohli narodit se špatnou povahou po svých rodičích a předcích. Mohou být vedeni ke spasení, protože Bůh odpoví na jejich modlitby, když budou činit pokání, snažit se za všech časů žít podle jeho Slova a vytrvale volat jeho jméno.

Židům 11:6 nám říká: „*Bez víry však není možné zalíbit se Bohu. Kdo k němu přistupuje, musí věřit, že Bůh jest a že se odměňuje těm, kdo ho hledají.*" I když se lidé narodí se špatnou povahou, Bůh změní jejich špatnou povahu v dobrou a dovede je do nebe, když se mu zalíbí svými dobrými skutky a oběťmi ve víře.

Ti, kdo nemohou sami hledat Boha

Někteří lidé nemohou ve víře hledat Boha, protože trpí mentální poruchou nebo jsou posedlí démony. Co by tedy měli dělat?

V takovém případě musí jejich rodiče nebo rodinní příslušníci projevit před Bohem jménem těchto lidí dostatečnou velikost své víry. Potom, když uvidí jejich víru a upřímnost, otevře Bůh lásky dveře ke spasení.

Jestliže dítě zemře před tím, než dostane příležitost získat spasení, jsou rodiče za osud svého dítěte zodpovědní. A tak vás nabádám k tomu, abyste rozuměli, že živá víra je velmi důležitá nejenom pro rodiče samotné, ale také pro jejich potomky.

Musíte rovněž chápat srdce Boha, který si cení jediné duše více než celého světa. Chci vás povzbudit k tomu, abyste měli hojnou lásku a starali se nejenom o své děti, ale také o děti svých bližních a příbuzných ve víře.

5. Byli Adam a Eva spaseni?

Adam a Eva byli vyhnáni na zem potom, co neuposlechli a pojedli ze stromu poznání dobrého a zlého. Nikdy neslyšeli evangelium. Byli spaseni? Dovolte mi objasnit, zda první lidé Adam a Eva obdrželi spasení.

Adam a Eva neuposlechli Boha

Na počátku Bůh stvořil prvního člověka Adama a Evu ke svému obrazu a velmi je miloval. Bůh předem připravil všechny věci, aby mohli žít v hojnosti a zavedl je do zahrady Eden. Tam Adamovi a Evě nic nechybělo.

Kromě toho dal Bůh Adamovi velikou moc a autoritu vládnout nad všemi věcmi ve vesmíru. Adam vládl nad všemi živými věcmi na zemi, na nebi a pod vodou. Nepřítel satan a ďábel se neodvažoval do zahrady vstoupit, protože byla střežena a chráněna pod vedením Adama.

Bůh s nimi chodil a poskytl jim co nejlaskavěji duchovní vzdělání – způsobem, jakým učí otec své milované děti všechno od A do Z. Adamovi a Evě nic nechybělo, ale byli pokoušeni vychytralým hadem a snědli zakázané ovoce.

Dospěli k tomu, že poznali smrt v souladu s Božím slovem, že propadnou smrti (Genesis 2:17). Jinými slovy, jejich duch zemřel, ačkoliv byli předtím duchovně živými tvory. V důsledku toho byli vyhnáni z nádherné zahrady Eden na zem. Na této prokleté zemi začalo tříbení člověka a současně byly proklety všechny věci na ní.

Byli Adam a Eva spaseni? Někdo si může myslet, že nemohli získat spasení, protože všechny věci byly proklety a jejich potomci musí trpět v první řadě kvůli jejich neposlušnosti. Bůh lásky však nechal otevřené dveře ke spasení i pro ně.

Úplné pokání Adama a Evy

Bůh vám odpouští, pokud činíte upřímné pokání a vrátíte se k němu, třebaže jste poskvrněni všemi druhy prvotního hříchu a skutečnými hříchy, kterých jste se dopustili ve svém životě na tomto světě plném temnoty a zla. Bůh vám odpouští, pokud činíte pokání hluboko ve svém srdci a vrátíte se k němu, i když se z vás stali vrazi.

Ve srovnání s dnešními lidmi měli Adam a Eva skutečně čisté a dobré srdce. Navíc je Bůh sám po dlouhou dobu s něžnou láskou vyučoval. Jak by potom mohl Bůh poslat Adama a Evu do pekla, aniž by jim odpustil, když činili pokání z hloubi svého srdce?

Když byli Adam a Eva tříbeni na této zemi, velmi mnoho trpěli. Byli zvyklí pokojně žít a kdykoliv se najíst různého druhu ovoce v zahradě Eden; nyní nemohli jíst bez dřiny a potu. Eva musela rodit ve velkých bolestech. Prolévali slzy a trpěli žalem, který byl výsledkem jejich hříchů. Adam a Eva se rovněž stali svědky toho, jak jeden jejich syn zavraždil druhého.

Jak moc jim musel chybět život v zahradě Eden pod ochranou a láskou Boha, když zažívali na tomto světě taková muka? Když žili v zahradě Eden, neuvědomovali si své štěstí a neděkovali Bohu, protože považovali svůj život, hojnost a Boží lásku za samozřejmost.

Nyní však dokázali pochopit, jak šťastní v té době byli a začali Bohu děkovat za přetékající lásku, kterou jim dal. Nakonec činili úplné pokání ze svých hříchů z minulosti.

Bůh pro ně otevřel dveře spasení

Mzdou hříchu je smrt, ale Bůh, který vládne s láskou a spravedlností, hřích odpouští, pokud lidé činí úplné pokání.

Potom, co přijal jejich pokání, nechal Bůh lásky Adama a Evu vstoupit do nebe. Byli však stěží spaseni, aby žili v ráji, protože Bůh je rovněž spravedlivý. Jejich hřích – zrada veliké Boží lásky – nebyl triviální. Adam a Eva se stali kvůli své neposlušnosti zodpovědnými za nevyhnutelnost tříbení člověka stejně jako za utrpení, bolest a smrt svých potomků.

Třebaže Boží prozíravost dopustila, aby Adam a Eva jedli ze stromu poznání dobrého a zlého, tento samotný čin neposlušnosti přinesl bezpočtu lidí utrpení a smrt. Proto nemohli Adam a Eva vstoupit na lepší místo v nebi než do ráje a samozřejmě, že nemohli obdržet žádnou slavnou odměnu.

Bůh koná s láskou a spravedlností

Přemýšlejme nyní o Boží lásce a spravedlnosti a vezměme si k tomu na pomoc případ apoštola Pavla.

Když ještě apoštol Pavel nepoznal Ježíše, býval hlavním vůdcem při pronásledování věřících v Ježíše Krista a dával je uvěznit. Když se stal Štěpán mučedníkem při tom, jak svědčil o

Pánu, Pavel sledoval, jak byl Štěpán ukamenován k smrti a považoval to za správné.

Na cestě do Damašku se ale Pavel setkal s Pánem a přijal ho. V té době mu Pán pověděl, že se stane apoštolem pohanů a bude velmi trpět. Pak činil apoštol Pavel úplné pokání a obětoval zbytek svého života Pánu.

Mohl vstoupit do nového Jeruzaléma, protože navzdory mnohému utrpení s radostí vykonal své poslání a byl dostatečně věrný, aby se pro Pána vzdal svého života.

Sklidit, co zasejete, je na tomto světě zákon přírody. Stejné je to v duchovním světě. Sklidíte dobro, jestliže jste zaseli dobro a sklidíte zlo, jestliže jste zaseli zlo.

Proto, jak můžete vidět v případě apoštola Pavla, musíte chránit své srdce, zůstat bdělí a pamatovat na to, že zkoušky vás budou pronásledovat kvůli vašim zlým skutkům z minulosti, třebaže vám byly odpuštěny, když jste činili opravdové pokání.

6. Co se stalo s prvním vrahem Kainem?

Co se stalo s prvním vrahem Kainem, který zemřel, aniž by kdy slyšel evangelium? Prozkoumejme, zda byl spasen soudem svědomí.

Bratři Kain a Ábel přinesli Bohu obětní dar

Potom, co byli Adam a Eva vyhnáni ze zahrady Eden, zplodili na zemi děti: Kain byl jejich první syn a Ábel byl Kainův mladší bratr. Když dospěli, přinesli Bohu obětní dar. Kain přinesl Bohu obětní dar z plodin země, ale Ábel přinesl oběť ze svých prvorozených ovcí a z jejich tuku.

Bůh shlédl se zalíbením na Ábela a na jeho obětní dar, na Kaina však a na jeho obětní dar neshlédl. Proč ale shlédl Bůh na Ábela a jeho obětní dar se zalíbením?

Bohu nesmíte dávat oběť proti jeho vůli. Podle zákona duchovního světa máte Boha, aby vám mohl odpustit hříchy, uctívat krví oběti. Proto lidé ve starozákonní době, aby Boha uctili, obětovali dobytčata nebo jehňata a v novozákonní době se Ježíš, beránek Boží, stal obětí smíření tím, že prolil svou krev.

Když Boha uctíváte obětní krví, což znamená pouze to, že ho uctíváte v duchu, Bůh vás přijímá se zalíbením, odpovídá na vaše modlitby a žehná vám. Duchovní oběť znamená uctívání Boha v duchu a v pravdě. Bůh nepřijímá vaše uctívání se zalíbením, jestliže v průběhu bohoslužby dřímáte nebo posloucháte poselství s nečinnou myslí.

Bůh shlédl se zalíbením pouze na Ábela a jeho obětní dar

Adam a Eva přirozeně velmi dobře znali duchovní zákon týkající se zákona obětování obětního daru, protože je Bůh tomuto zákonu po velmi dlouhou dobu v zahradě Eden vyučoval, když s nimi chodil. Samozřejmě, že museli bezpochyby učit své děti o tom, jak přinášet Bohu řádný obětní dar.

Na jednu stranu Ábel uctil Boha obětní krví v poslušnosti a v souladu s vyučováním svých rodičů. Na druhou stranu Kain nepřinesl obětní dar, ale přinesl Bohu dar z plodin země podle svého vlastního uvážení.

Ohledně toho říká Židům 11:4: „*Ábel věřil, a proto přinesl Bohu lepší oběť než Kain a dostalo se mu svědectví, že je spravedlivý, když Bůh přijal jeho dary; protože věřil, ‚ještě mluví, ač zemřel.'*"

Bůh přijal obětní dar Ábela, protože Ábel s vírou duchovně uctil Boha v poslušnosti Boží vůle. Kainův obětní dar však Bůh nepřijal, protože ho Kain v duchu neuctil, ale uctil ho pouze podle svých vlastních kritérií a způsobů.

Kain ze závisti zabil Ábela

Když Kain viděl, že Bůh přijal pouze obětní dar jeho bratra, ale ne jeho obětní dar, vzplanul velikým hněvem a zesinal v tváři. Nakonec Ábela napadl a zabil ho.

V průběhu pouhé jedné generace od doby, kdy začalo tříbení člověka na této zemi, neposlušnost počala závist, závist počala nenasytnost a zášť a nenasytnost a zášť vykvetly ve vraždu. Jak je to strašné?

Zde můžete vidět, jak rychle lidé pošpiní své srdce hříchem, jakmile do něj vpustí hřích. Proto byste do svého srdce neměli nechat vejít ani triviální hřích, ale ihned jej odstranit.

Co se stalo s prvním vrahem Kainem? Někteří lidé se přou, že Kain nemohl být spasen, protože zabil svého spravedlivého bratra Ábela.

Kain díky svým rodičům věděl, kdo je Bůh. Ve srovnání s dnešními lidmi zdědili lidé v době Kaina od svých rodičů relativně lehký prvotní hřích. Kain, třebaže zabil svého bratra z náhlé závisti, měl jinak čisté svědomí.

Takže, i když se dopustil vraždy, činil Kain prostřednictvím Božího trestu pokání a Bůh se nad ním slitoval.

Kain byl po úplném pokání spasen

V Genesis 4:13-15 se Kain odvolává k Bohu, že jeho trest je příliš velký a žádá ho o milost potom, co byl proklet a stal se psancem a štvancem na zemi. Bůh odpověděl: „*Nikoli, kdo by Kaina zabil, bude postižen sedmeronásobnou pomstou*" a poznamenal Kaina znamením, aby jej nikdo nemohl zabít.

Zde si musíte uvědomit, jak důkladné činil Kain pokání potom, co zabil svého bratra. Až potom mohl najít způsob, jak komunikovat s Bohem a Bůh ho poznamenal znamením, které symbolizovalo jeho odpuštění. Kdyby byl Kain ztracený případ určený k tomu, aby skončil v pekle, proč by v první řadě Bůh vyslyšel Kainovu prosbu a co více, proč by ho poznamenal znamením?

Kain se musel stát psancem a štvancem na zemi, což byl trest za zabití jeho bratra, ale nakonec získal spasení díky pokání ze svých hříchů. Nicméně, stejně jako v Adamově případě, byl i Kain stěží spasen a bylo mu dovoleno žít na vnějším okraji – ani ne v centru – ráje.

Navzdory Kainovu pokání nemohl spravedlivý Bůh nechat Kaina vejít na lepší místo v nebi než ráj. I když žil Kain v poměrně mnohem čistším a méně hříšném období než my, pořád byl dost špatný na to, aby zabil svého vlastního bratra.

Přesto mohl Kain vejít na lepší místo v nebi, kdyby vytříbil své špatné srdce v dobré a z celého svého srdce dělal vše, co bylo v jeho silách, aby se zalíbil Bohu. Kainovo svědomí ale nebylo ani tak dobré a ani tak čisté.

Proč Bůh netrestá špatné lidi hned?

Zatímco žijete svůj život ve víře, můžete mít mnoho otázek. Někteří lidé jsou velmi zlí, ale Bůh je netrestá. Kvůli jejich špatnosti ostatní lidé trpí nemocemi nebo zemřou. A jiní lidé zemřou v mladém věku, třebaže se zdá, že byli Bohu velmi věrní.

Například král Saul měl dostatečně zlé srdce na to, aby se pokusil zabít Davida, třebaže věděl, že Bůh Davida pomazal. A přece Bůh nechal krále Saula bez trestu. V důsledku toho Saul Davida pronásledoval ještě víc.

Toto byl příklad prozíravosti Boží lásky. Bůh chtěl skrze zlého Saula učinit z Davida velikou nádobu a nakonec ho udělat králem. Proto král Saul zemřel, až když bylo Boží vyučování a výchova Davida u konce.

Podobně, v závislosti na každém jednotlivci, Bůh trestá lidi hned nebo je nechává žít bez trestu. Všechno obsahuje Boží prozíravost a lásku.

Měli byste toužit po lepším místě v nebi

V Janovi 11:25-26 Ježíš řekl: *„Já jsem vzkříšení i život. Kdo věří ve mne, i kdyby umřel, bude žít. A každý, kdo žije a věří ve mne, neumře navěky. Věříš tomu?"*

Ti, kdo získali spasení přijetím evangelia, budou jistě vzkříšeni, dostanou duchovní tělo a budou si užívat věčnou slávu v nebi. Ti, kdo budou stále žít na této zemi, budou uchváceni do oblak, aby se tam setkali s Pánem, když sestoupí z nebe. Čím více se budete podobat Pánu, tím lepší místo v nebi budete obývat.

Ohledně toho nám Ježíš v Matoušovi 11:12 říká: *„Ode dnů Jana Křtitele až podnes království nebeské trpí násilí a násilníci po něm sahají.“* Ježíš nám v Matoušovi 16:27 slíbil: *„Syn člověka přijde v slávě svého Otce se svými svatými anděly, a tehdy odplatí každému podle jeho jednání.“* 1 Korintským 15:41 rovněž poznamenává: *„Jiná je záře slunce a jiná měsíce, a ještě jiná je záře hvězd, neboť hvězda od hvězdy se liší září.“*

Určitě si nemůžete pomoci a toužíte po lepším místě v nebi. Abyste směli vstoupit do nového Jeruzaléma, kde je umístěn Boží trůn, měli byste se snažit stát svatějšími a věrnějšími v celém Božím domě. Podobně jako farmář při žni chce i Bůh tříbením člověka na zemi zavést co nejvíce lidí do lepšího nebeského království.

Abyste mohli vstoupit do nebe, musíte dobře znát duchovní svět

Lidé, kteří neznali Boha a Ježíše Krista, mohli sotva vstoupit do nového Jeruzaléma, třebaže byli spaseni díky soudu svědomí.

Existují lidé, kteří úplně neznají prozíravost lidského tříbení, Boží srdce a duchovní svět, i když slyšeli evangelium. Proto ani nevědí, že se silní lidé zmocňují nebeského království a ani nemají žádnou naději v nový Jeruzalém.

Bůh nám říká: „*Buď věrný až na smrt, a dám ti vítězný věnec života*" (Zjevení 2:10). Bůh vás v nebi bohatě odmění podle toho, co jste zaseli. Odměna je velmi vzácná, protože je trvalá a zůstává navěky slavná.

Když na to budete pamatovat, dokážete se podobně jako pět rozumných družiček připravit jako překrásná Pánova nevěsta a dosáhnout neporušeného ducha.

V 1 Tesalonickým 5:23 čteme: „*Sám Bůh pokoje nechť vás cele posvětí a zachová vašeho ducha, duši i tělo bez úrazu a poskvrny do příchodu našeho Pána Ježíše Krista.*"

Proto se musíte horlivě připravovat jako Pánova nevěsta, abyste před návratem našeho Pána Ježíše Krista dosáhli neporušeného ducha nebo se připravovat na to, až si Bůh povolá vaši duši, což může přijít jako první.

Nestačí přijít každou neděli na bohoslužbu a vyznat: „Já věřím." Musíte se zbavit veškeré špatnosti a být věrní v celém Božím domě. Čím více se zalíbíte Bohu, tím lepší místo v nebi budete moci obývat.

Chci vás povzbudit k tomu, abyste se díky tomuto poznání stali skutečnými Božími dětmi. Ve jménu našeho Pána Ježíše Krista se modlím, abyste nejenom chodili s Pánem na této zemi, ale také navěky věků žili blíže Božímu trůnu v nebi.

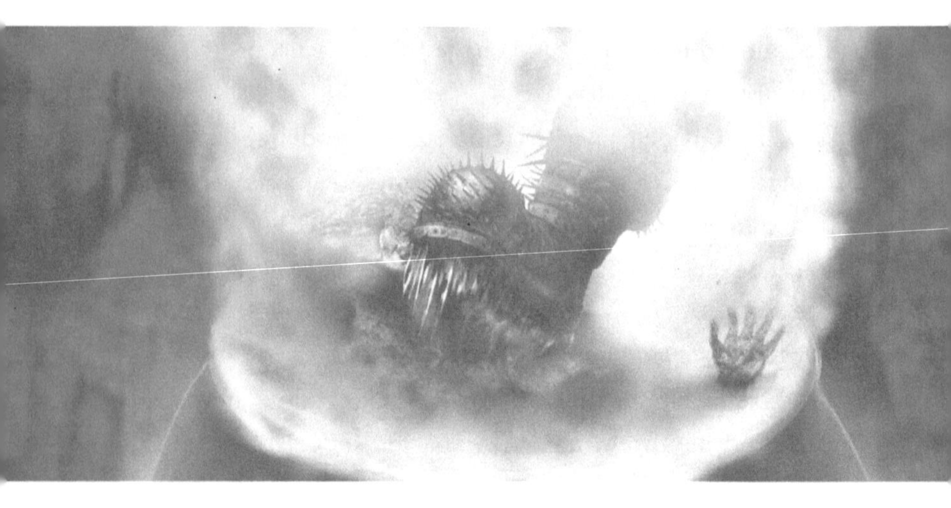

Kapitola 3

Dolní podsvětí a identita poslů pekla

1. Poslové pekla odvádějí lidi do dolního podsvětí
2. Čekárna na svět zlých duchů
3. Rozmanité tresty za různé hříchy v dolním podsvětí
4. Dozorce Lucifer v dolním podsvětí
5. Identita poslů pekla

„Vždyť Bůh neušetřil ani anděly, kteří zhřešili, ale svrhl je do temné propasti podsvětí a dal je střežit, aby byli postaveni před soud."
\- 2 Petrův 2:4 -

„Do podsvětí se navrátí svévolníci, všechny pronárody, jež na Boha zapomněly."
\- Žalm 9:18 -

Každý rok při sklizni zemědělci radostně očekávají dobrou úrodu. Nicméně je velmi obtížné vždy sklízet prvotřídní pšenici, třebaže zemědělci ve dne v noci namáhavě pracovali, přidávali na pole hnojivo, pleli a tak dále. Ve sklizni se vždy bude vyskytovat druhořadá pšenice i pšenice třetího řádu a dokonce i plevel.

Lidé však nemohou mít k jídlu plevel. Navíc se plevel nemůže skladovat dohromady s pšenicí, protože plevel pšenici zkazí. Proto zemědělci oddělují plevel a spalují ho nebo ho používají jako hnůj.

Stejné je to s Božím tříbením člověka na zemi. Bůh hledá skutečné děti, které rovněž nesou svatý a dokonalý Boží obraz. Existují však lidé, kteří se úplně nezbavili svých hříchů nebo jiní, kteří jsou zcela stravováni zlem a ztratili povědomí o povinnosti člověka. Bůh touží po svatých a skutečných dětech, ale také shromažďuje do nebe i ty, kteří zemřeli před tím, než se zcela zbavili svých hříchů, pokud ovšem usilovali o život ve víře.

Na jednu stranu Bůh neposílá lidi do hrůzného pekla, mají-li víru velikosti hořčičného zrna závislou na krvi Ježíše Krista bez ohledu na svůj prvotní záměr tříbit a shromažďovat pouze skutečné děti. Na druhou stranu ti, kdo nevěří v Ježíše Krista a bojují proti Bohu až do konce, nemají žádnou jinou možnost, než jít do pekla, protože si vybrali cestu zkázy vlastním zlem v sobě.

Jak budou potom nespasené duše odvedeny do dolního podsvětí a jaký trest jim zde bude uložen? Nyní podrobně vylíčím dolní podsvětí náležející k peklu a identitu poslů pekla.

1. Poslové pekla odvádějí lidi do dolního podsvětí

Na jednu stranu, když zemře spasený člověk s vírou, přijdou k němu dva andělé a zavedou ho do horního podsvětí náležejícího k nebi. V Lukášovi 24:4 čteme o dvou andělech čekajících na Ježíše po jeho pohřbu a vzkříšení. Na druhou stranu, když zemře nespasený člověk, přijdou dva poslové pekla a zavedou ho do dolního podsvětí. Obvykle je možné dozvědět se, zda je člověk na smrtelné posteli spasený nebo ne pozorováním výrazu jeho tváře.

Před okamžikem smrti

Duchovní zrak lidí je před okamžikem smrti otevřený. Člověk umírá v pokoji a s úsměvem, spatří-li ve světle anděly a mrtvé tělo rovněž nestrne tak brzy. Dokonce i po dvou nebo třech dnech mrtvé tělo nehnije ani nevydává nepříjemný zápach a člověk vypadá, jako by stále žil.

Jak strašně a rozechvěle se však musí cítit nespasení lidé, když spatří hrůzostrašné posly pekla? Umírají v příšerném strachu, neschopni zavřít své oči.

Jestliže není něčí spasení jisté, andělé a poslové pekla bojují proti sobě, aby vzali tuto duši na svoje místo. Proto je tato osoba až do smrti plná úzkosti. Jak moc se musí bát a být nervózní, když vidí posly pekla, jak proti ní vznášejí obvinění a říkají: „Nemá žádnou víru, aby byla spasena?“

Když je na smrtelné posteli člověk slabé víry, měli by mu lidé se silnou vírou pomoci dosáhnout větší víry skrze uctívání a chvály. Potom může získáním víry dosáhnout spasení i na své smrtelné posteli, třebaže dosáhne pouze ostudného spasení a skončí v ráji.

Můžete vidět, jak člověk na smrtelné posteli dosáhne pokoje, když obdrží víru nutnou ke spasení, zatímco lidé okolo něj pro něj konají pobožnost a zpívají chvály. Když je na smrtelné posteli člověk silné víry, nemusíte mu k růstu jeho víry nebo k jejímu získání pomáhat. Je lepší mu dát naději a radost.

2. Čekárna na svět zlých duchů

Na jednu stranu může být spasen dokonce i člověk s velmi slabou vírou, pokud získá víru skrze uctívání a chvály na smrtelné posteli. Na druhou stranu, pokud není spasen, poslové pekla ho odvedou do čekárny náležející k dolnímu podsvětí a on se musí srovnat se světem zlých duchů.

Zrovna jako mají spasené duše v horním podsvětí tři dny na to, aby se přizpůsobily novým podmínkám, zůstávají nespasené duše rovněž tři dny v čekárně, která se v dolním podsvětí podobá veliké jámě.

Tři dny přizpůsobování se v čekárně

Čekárna v horním podsvětí, kde zůstávají spasené duše po tři dny, je plná jásotu, pokoje a naděje v následný vítězný život. Čekárna v dolním podsvětí je však přesným opakem.

Nespasené duše budou žít v nesnesitelné bolesti a podstupovat různé druhy trestů podle svých skutků na tomto světě. Před pádem do dolního podsvětí se v čekárně po tři dny připravují na život ve světě zlých duchů. Tyto tři dny v čekárně nejsou pokojné, ale jsou pouze počátkem jejich trvale bolestného života.

Do těchto duší klovou velkými a ostrými zobáky různé druhy ptáků. Tito ptáci jsou na rozdíl od ptáků na tomto světě velmi oškliví a odporní.

Nespasené duše jsou již odděleny od svých těl, a tak se můžete domnívat, že nemohou cítit bolest. Tito ptáci je však mohou zranit, protože ptáci v čekárně jsou rovněž duchovními bytostmi.

Kdykoliv ptáci klovnou do duší, jejich těla se s krvácením roztrhnou a také se z nich stáhne kůže. Duše se snaží před klovnutím ptáků uhýbat, ale nejde to. Pouze se o to snaží a s křikem se krčí. Tu a tam jim ptáci vyklovnou oči.

3. Rozmanité tresty za různé hříchy v dolním podsvětí

Po třídenním pobytu v čekárně dojde k rozdělení nespasených duší na různá místa trestu v dolním podsvětí podle jejich hříchů na tomto světě. Nebe je velmi rozlehlé. Peklo je také velmi rozlehlé, protože se zde nachází nespočet míst určených k uložení nespasených duší rovněž v dolním podsvětí, které je pouze částí pekla.

Různá místa trestu

Celkově je dolní podsvětí tmavé a vlhké a duše zde mohou cítit spalující žár. Nespasené duše jsou zde neustále mučeny bitím, klováním a trháním.

Když vám na tomto světě uříznou nohu nebo ruku, musíte bez své nohy nebo ruky žít. Jakmile zemřete, vaše utrpení a problémy s vaší smrtí odejdou. V dolním podsvětí však, pokud vám je uříznut krk, váš krk se obnoví. I když je vám uříznuta část vašeho těla, vaše tělo se brzy stane znovu neporušeným. Zrovna jako nemůžete nakrájet vodu i tím nejostřejším mečem nebo nožem, žádné mučení, klování ani rozpárání částí těla na kousky nemůže vaše utrpení ukončit.

Vaše oči se obnoví brzy potom, co je ptáci vyklovnou. I když jste zraněni a vaše vnitřnosti vyhřezly ven, brzy dojde k vaší obnově. Vaše krev se bude nekonečně dlouho prolévat, zatímco budete mučeni, ale nemůžete zemřít, protože krev se brzy znovu doplní. Tento strašný model vás opakovaně trýzní.

Proto se zde nachází krvavá řeka vytvořená z prolité krve duší v dolním podsvětí. Pamatujte na to, že duch je nesmrtelný. Když je opakovaně mučen navěky věků, jeho bolest trvá také navěky. Duše naléhavě žádají smrt, ale nemohou a není jim dovoleno zemřít. Z neustálého mučení je dolní podsvětí plné lidských výkřiků, sténání a hnilobného zápachu krve.

Srdcervoucí výkřiky v dolním podsvětí

Předpokládám, že někteří z vás přímo zakusili válku. Pokud

ne, možná jste viděli strašlivé scény znázorňující křik a bolest ve válečných filmech nebo historických dokumentech. Všude se nacházejí zranění lidé. Někteří z nich přišli o nohy nebo o ruce. Mají vystřelené oči nebo dokonce obsah svého mozku. Nikdo neví, kdy na něho dopadne střelba z děla. To místo je plné dusivého kouře z děla, zápachu krve, sténání a křiku. Lidé nazývají takovýto pohled „peklo na zemi."

Katastrofální scéna dolního podsvětí je však mnohem ubožejší než ta nejhorší scéna na jakémkoliv bitevním poli tohoto světa. Kromě toho duše v dolním podsvětí trpí nejenom momentálním mučením, ale také strachem z následného mučení.

Mučení je pro ně příliš a snaží se mu marně uniknout. Navíc to, co je čeká, je pouze sálající oheň a síra hlubšího pekla.

Když sledují hořící síru pekla, jsou duše plné lítosti a žalu: „Kéž bych byl býval uvěřil, když hlásali evangelium...Kéž bych byl nehřešil...!" Neexistuje však žádná druhá šance a není pro ně žádná cesta ke spasení.

4. Dozorce Lucifer v dolním podsvětí

Nikdo nemůže za žádnou cenu obsáhnout povahu a šířku trestů v dolním podsvětí. Zrovna jako se liší metody mučení na tomto světě, dá se to stejné říct o mučení v dolním podsvětí.

Někteří lidé mohou trpět tím, jak jejich tělo hnije. Těla jiných mohou jíst nebo přežvýkávat různí brouci a hmyz, kteří sají jejich krev. Další mohou být přimačkáváni na horké kameny nebo stojí na písku o teplotě sedmkrát vyšší než je teplota na plážích nebo pouštích tohoto světa. V některých případech mučí duše samotní poslové pekla. Další metody mučení zahrnují vodu, oheň a jiné nepředstavitelné metody a nástroje.

Tomuto místu určenému pro nespasené duše ale nevládne Bůh lásky. Bůh dal autoritu vládnout nad tímto místem zlým duchům. Dolnímu podsvětí, kde musí zůstávat nespasené duše podobné plevům, vládne Lucifer, vůdce všech zlých duchů. Není zde žádného milosrdenství ani slitování a je to Lucifer, kdo má vládu nad každým aspektem dolního podsvětí.

Identita Lucifera, vůdce všech zlých duchů

Kdo je Lucifer? Lucifer byl jedním z archandělů, kterého Bůh převelice miloval a nazýval ho „jitřenky synu" (Izajáš 14:12). Přesto se vzbouřil proti Bohu a stal se vůdcem zlých duchů.

Andělé v nebi v sobě nemají lidskost a svobodnou vůli. Proto si nemohou vybírat věci podle své vůle, ale řídí se pouze příkazy jako roboti. Přesto Bůh výjimečně dává některým andělům lidskost a sdílí s nimi svou lásku. Lucifer, který byl jedním z takovýchto andělů, byl zodpovědný za nebeskou hudbu. Svým překrásným hlasem a hudebními nástroji chválil Boha a zalíbil se mu zpěvem o Boží slávě.

Nicméně se postupně stal namyšleným kvůli zvláštní lásce, kterou k němu Bůh choval a jeho touha stát se vyšším a mocnějším než Bůh ho nakonec dovedla ke vzpouře proti Bohu.

Lucifer vyzval Boha a povstal proti němu

Bible nám říká, že Lucifera následovalo velikánské množství andělů (2 Petrův 2:4; Judův 1:6). V nebi je obrovské množství andělů a asi jedna třetina z nich následovala Lucifera. Zkuste si představit, jak mnoho andělů se k Luciferovi připojilo. Lucifer povstal proti Bohu ze své domýšlivosti.

Jak je možné, že Lucifera následovalo tak obrovské množství andělů? Snáze to pochopíte, když pomyslíte na skutečnost, že andělé pouze poslouchají příkazy způsobem, jako to dělají stroje nebo roboti.

Nejprve Lucifer získal podporu některých vedoucích andělů, kteří byli pod jeho vlivem, a pak snadno získal anděly podřízené těmto vedoucím andělům.

Kromě andělů se mezi duchovními bytostmi přidali k Luciferově vzpouře draci a část cherubů. Lucifer, který ve vzpouře vyzval Boha, byl nakonec poražen a svržen se svými následovníky z nebe, kde původně pobýval. Poté byli všichni uvězněni v propasti do té doby, než byli použiti pro tříbení člověka.

> *„Jak jsi spadl z nebe, třpytivá hvězdo, jitřenky synu! Jak jsi sražen k zemi, zotročovateli pronárodů! A v srdci sis říkal: ‚Vystoupím na nebesa, vyvýším svůj trůn nad Boží hvězdy, zasednu na Hoře setkávání na nejzazším Severu. Vystoupím na posvátná návrší oblaků, s Nejvyšším se budu měřit.‘ Teď jsi svržen do podsvětí, do nejhlubší jámy!“* (Izajáš 14:12-15)

Když byl Lucifer v nebi, zahrnutý přetékající Boží láskou, byl nepopsatelně krásný. Po vzpouře se ale změnil v ošklivou a odpornou bytost.

Lidé, kteří ho viděli svým duchovním zrakem, říkají, že Lucifer je tak ošklivý, že ho jen při letmém pohledu musíte pokládat za odporného. Se svými neupravenými vlasy obarvenými různými barvami jako červenou, bílou a žlutou, tyčícími se vysoko do nebe, vypadá velmi ponuře.

V dnešní době vede Lucifer lidi k tomu, aby ho svým oděvem a účesem napodobovali. Například když lidé tančí a jsou přitom divocí, hluční, oškliví a ukazují svými prsty nejrůznější gesta.

Toto jsou sklony naší doby, které vytvořil Lucifer a které se šíří skrze hromadné sdělovací prostředky a kulturu. Tyto sklony mohou zranit emoce lidí a vést je k chaosu. Nadto tyto sklony klamou lidi, aby se vzdálili od Boha a dokonce ho popřeli.

Boží děti by měly být jiné a neměly by propadnout těmto světským tendencím. Jestliže propadnete světským sklonům, přirozeně si budete držet Boží lásku daleko od sebe, protože světský způsob života si vyžádá vaše srdce a myšlení (1 Janův 2:15).

Zlí duchové činí z dolního podsvětí strašlivé místo

Na jednu stranu je Bůh lásky dobrota sama. Připravuje pro nás všechny věci ve své moudrosti a s dobrým záměrem a svědomím. Chce, abychom trvale žili v největším štěstí v nádherném nebi. Na druhou stranu je Lucifer zlo samotné. Zlí duchové jako následovníci Lucifera pořád přemýšlejí o způsobech, jak mučit lidi ještě krutěji. Vynalézáním rozličných druhů metod mučení ve své zlé mysli činí z dolního podsvětí ještě hrůznější místo.

I na tomto světě napříč dějinami lidé vymýšlejí různé kruté metody mučení. Když byla Korea pod nadvládou Japonska, Japonci mučili korejské vůdce hnutí za národní nezávislost tak, že je bambusovou jehličkou probodávali pod jejich nehty nebo jim po jednom vytrhávali nehty na rukou nebo na nohou. Také nalévali do očí a nosních dírek těchto vůdců hnutí směs červené papriky a vody, přičemž je věšeli vzhůru nohama. Mučící místnost zaplavoval odporný zápach spáleného masa, protože japonští trýznitelé pálili rozličné části jejich těl horkými kusy kovu. Jejich vnitřní orgány vyhřezávaly z jejich břicha, tak krutě byli biti.

Jak lidé v průběhu korejské historie mučili zločince? Jednou z forem mučení bylo kroucení až vymykání nohou. Zločinec byl svázán okolo kotníků a kolen, a potom byly mezi jeho dvě lýtka vloženy dvě tyče. Jak trýznitel hýbal těmito dvěma tyčemi, tříštily se kosti v nohou zločince na kusy. Dokážete si představit, jak to muselo bolet?

Mučení prováděné lidmi je tak kruté, jak nám dovolí naše vlastní představivost. O co krutější a horší bude, když budou nespasené duše mučit zlí duchové s mnohem větším důvtipem a schopnostmi? Je pro ně potěšením rozvíjet různé metody mučení a mučit jimi nespasené duše.

Proto musíte znát svět zlých duchů. Potom nad nimi můžete

vládnout a přemoci je. Snadno je můžete porazit, když zůstanete svatí a čistí bez přizpůsobování se tomuto světu.

5. Identita poslů pekla

Kdo jsou tito poslové pekla mučící nespasené lidi v dolním podsvětí? Jsou to padlí podřízení andělé, kteří následovali Lucifera ve vzpouře před tím, než začal existovat svět.

> *Také anděly, kteří si nezachovali své vznešené postavení, ale opustili určené místo, drží ve věčných poutech v temnotě pro veliký den soudu* (Judův 1:6).

Padlí andělé nemohou svobodně vycházet na svět, protože je Bůh do doby soudu u velkého bílého trůnu spoutal v temnotě. Někteří lidé tvrdí, že démoni jsou padlí andělé, ale není to pravda. Démoni jsou nespasené duše, které jsou vypuštěny z dolního podsvětí, aby konaly za zvláštních okolností svou práci. Podrobně to vysvětlím v 8. kapitole.

Andělé, kteří padli s Luciferem

Bůh spoutal padlé anděly v temnotě – pekle – pro den soudu. A tak padlí andělé nemohou vycházet na svět výhradně s výjimkou zvláštních událostí.

Než se vzbouřili proti Bohu, byli velmi překrásní. Poslové pekla však nejsou ani překrásní ani nijak oslniví od té doby, co padli a byli prokleti.

Vypadají tak ponuře, že z nich budete zhnuseni. Jejich obraz je podobný tvářím lidských bytostí nebo nosí masky různých ohavných zvířat.

Jak je napsáno v Bibli (Leviticus 11), jejich vzhled se podobá vzezření ohavných zvířat jako jsou vepři. Ale mají prokletou, ošklivou podobu. Svá těla rovněž zdobí groteskními barvami a vzory.

Nosí železné brnění a vojenské boty. Ke svému tělu mají pevně připevněny ostré mučící nástroje. Ve svých rukou mají často nůž, vidle nebo bič.

Předstírají suverénní postoj a jejich velkou moc můžete pociťovat tehdy, když se přemísťují, protože používají svou úplnou moc a autoritu v temnotě. Lidé mají z démonů veliký strach. Ale poslové pekla jsou mnohem hrůzostrašnější než démoni.

Poslové pekla mučí duše

Jaká je přesná úloha poslů pekla? Je to především mučit nespasené duše, protože mají na starosti peklo.

Rozvinutější mučení prováděné posly pekla je v dolním podsvětí vyhrazeno pro duše s těžšími tresty. Například poslové mající masky ošklivých vepřů rozřezávají těla duší nebo je nafukují jako balónky a praskají je nebo do nich šlehají.

Kromě toho mučí lidi různými metodami. Ani děti nemohou být vyloučeny z jejich mučení. Co láme našeho ducha je skutečnost, že poslové pekla bodají nebo bijí děti pro zábavu.

Proto byste měli udělat vše, co je ve vašich silách, abyste zabránili i jediné duši v tom, aby propadla peklu, které je krutým, žalostným a hrozným místem plným nekonečné bolesti a utrpení.

V roce 1992 jsem se díky nadměrnému stresu a přepracování ocitl na prahu smrti. V té chvíli mi Bůh ukázal mnoho členů naší církve, jak následují světské způsoby života. Dokud jsem neviděl tuto scenérii, dychtivě jsem doufal, že budu s Pánem. Ale potom jsem již nemohl déle toužit po tom být s Pánem, protože jsem věděl, že mnoho z mých oveček propadne peklu.

A tak jsem změnil svůj názor a požádal jsem Boha, aby mě oživil. Bůh mi dal okamžitě sílu a ke svému překvapení jsem mohl vstát ze smrtelné postele a byl jsem naprosto zdravý. Boží moc mě uzdravila. Protože vím o pekle tak dobře a tak mnoho, horlivě hlásám tajemství pekla, která mi Bůh zjevil v naději, že spasím byť jednu jedinou duši.

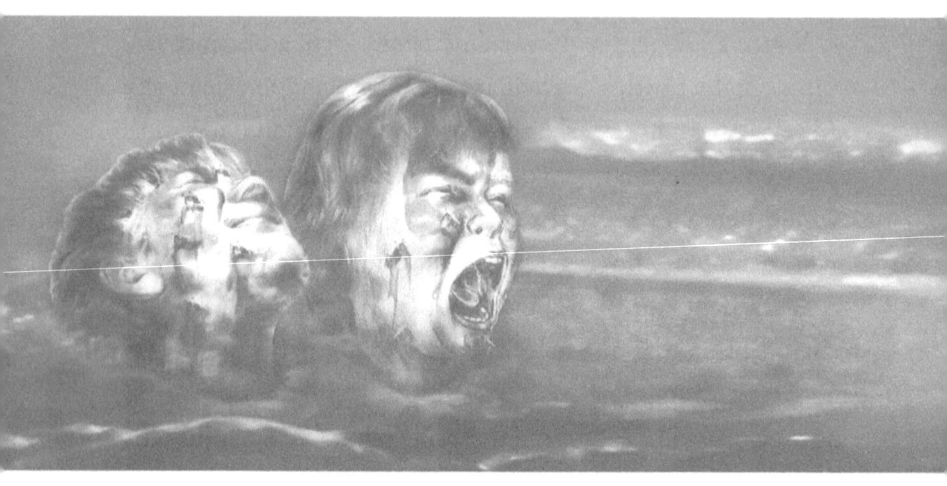

Kapitola 4

Tresty v dolním podsvětí pro nespasené děti

1. Plody a kojenci
2. Batolata
3. Děti, které chodí a mluví
4. Děti od šesti do dvanácti let
5. Chlapci, kteří se posmívali proroku Elíšovi

*„Ať je překvapí smrt, ať zaživa sejdou do podsvětí.
Jen zloba je v jejich doupatech, je v jejich středu."*
- Žalm 55:16 -

*„Odtud vystoupil do Bét-elu. Když byl na cestě,
vyšli z města malí chlapci, posklebovali se mu a pokřikovali na něj:
‚Táhni, ty s lysinou, táhni, ty s lysinou!' On se obrátil,
podíval se na ně a ve jménu Hospodinově jim zlořečil.
Vtom vyběhly z křovin dvě medvědice
a roztrhaly z nich čtyřicet dvě děti."*
- 2 Královská 2:23-24 -

V předcházející kapitole jsem popsal, jak padlý archanděl Lucifer vládne peklu a jak ostatní padlí andělé řídí peklo pod vedením Lucifera. Poslové pekla mučí nespasené duše podle jejich hříchů. Obecně jsou tresty v dolním podsvětí rozděleny do čtyř úrovní. Nejlehčí tresty jsou uloženy lidem, kteří propadnou peklu v důsledku soudu svědomí. Nejtěžší tresty jsou uloženy lidem, jejichž svědomí je označeno jako rozpáleným železem a kteří se postavili proti Bohu způsobem, jakým to učinil Jidáš Iškariotský, když prodal Ježíše pro osobní zisk.

V dalších kapitolách podrobně vysvětlím druhy trestů uložených nespaseným duším v dolním podsvětí, které náleží k peklu. Než se ponořím do pojednání o trestech pro dospělé, proberu podle věkových skupin druhy trestů uložených nespaseným dětem.

1. Plody a kojenci

Dokonce i nemyslící dítě může jít do dolního podsvětí, když neprojde soudem svědomí kvůli hříšné přirozenosti zděděné od svých nevěřících rodičů. Dítě dostane relativně lehký trest, protože jeho hřích je v porovnání s hříchem dospělého lehký, ale přesto zde trpí hladem a nesnesitelnou bolestí.

Kojenci pláčou a trpí hladem

Děti odstavené od kojení, které ještě neumí chodit ani mluvit, jsou zařazeny odděleně a uvězněny na rozlehlém místě.

Nedokážou samy přemýšlet, pohybovat se nebo chodit, protože nespasené děti si zachovávají stejnou osobnost a svědomí, které mají v okamžiku smrti.

Navíc nevědí, proč jsou v pekle, protože nemají v mozku zaznamenané žádné vědění. Pouze přirozeně křičí hladem, aniž by věděly, kde je jejich matka a otec. Posel pekla bodá do kojencova bříška, ruky, nohy, oka, nehtu na ruce nebo na noze ostrým předmětem podobajícím se špendlíku. Dítě ze sebe vydává pronikavý křik a posel pekla se dítěti směje. Třebaže ustavičně pláčou, nikdo o tyto děti nepečuje. Jejich pláč pokračuje vyčerpáním a krutou bolestí. Kromě toho se poslové pekla občas shromáždí okolo, seberou jedno dítě a nafouknou ho vzduchem jako balónek. Potom si pro zábavu s dítětem pinkají, kopají do něj a chytají ho. Jak je to kruté a hrozné?

Opuštěné plody jsou okradeny o teplo a pohodu

Jaký je osud plodů, které zemřou dříve, než se narodí? Jak jsem již vysvětlil, většina z nich je spasena, ale existují výjimky. Některé plody nemohou být spaseny, protože byly počaty s nejhorší možnou přirozeností zděděnou od svých rodičů, kteří se vážně postavili proti Bohu a páchali mimořádně zlé skutky. Duše nespasených plodů jsou rovněž uvězněny na jednom místě podobném tomu s odstavenými kojenci.

Nejsou mučeny tak krutě jako duše starších lidí, protože nemají žádné svědomí a nedopustily se až do chvíle své smrti žádného hříchu. Jejich trestem a prokletím je to, že jsou ponechány opuštěné bez tepla a pohody, které pociťovaly v matčině lůně.

Tělesná konstrukce těl v dolním podsvětí

Jakou podobu mají nespasené duše v dolním podsvětí? Na jednu stranu, jestliže zemře odstavené dítě, je zde uvězněno v podobě odstaveného dítěte. Pokud zemře plod v matčině lůně, je v dolním podsvětí uvězněn v podobě plodu. Na druhou stranu spasené duše v nebi na sebe vezmou při druhém příchodu Ježíše Krista nové vzkříšené tělo, ačkoliv mají stejnou podobu jako na tomto světě. V té době bude každý přeměněn v krásného 33letého člověka, jakým byl Pán Ježíš a vezme na sebe duchovní tělo. Malý člověk bude mít tu nejoptimálnější výšku a člověk s chybějící nohou nebo paží bude mít tyto své části těla obnovené.

Nespasené duše v pekle však na sebe nemohou vzít nové, vzkříšené tělo ani po druhém příchodu Pána. Nemohou být vzkříšeny, protože od Ježíše Krista nezískaly žádný život, a tak mají stejnou podobu, jakou měly v době své smrti. Jejich tváře a těla jsou bledé a tmavě modré – podobné mrtvolám – a jejich vlasy jsou kvůli hrůze pekla neupravené. Některé nosí hadry, jiné pouze pár kusů látky a další nemají nic, čím by přikryly své tělo.

V nebi nosí spasené duše překrásná bílá roucha a zářivé koruny. Navíc se záře roucha a ozdoby liší podle slávy a ceny, kterých daný jedinec dosáhnul. Naopak v pekle se vzhled nespasených duší liší podle závažnosti a druhu hříchů, kterých se duše dopustily.

2. Batolata

Novorozenci rostou a učí se postavit, batolit a vyslovit pár slov. Když tato batolata zemřou, jaké druhy trestů jim budou uloženy?

Batolata jsou rovněž seskupena na jednom místě. Trpí instinktivně, protože nejsou v době své smrti schopna logicky přemýšlet nebo rozumně posuzovat věci.

Batolata v nesnesitelné hrůze naříkají pro své rodiče

Batolata mají pouze dva až tři roky. A tak nerozpoznají ani svou smrt a nevědí, proč jsou v pekle, stále si však vzpomínají na svou matku a otce. Proto opakovaně pláčou: „Kde jsi, mami? Tati? Já chci domů! Proč jsem tady?"

Když žila batolata na tomto světě a například spadla a odřela si koleno, jejich matka rychle přiběhla a pevně je sevřela do své náruče. Jejich matka však nepřichází, aby je utěšila, třebaže křičí a pláčou, když jsou jejich těla zmáčená krví. Nekřičí snad dítě v slzách strachy, když ztratí svou matku v supermarketu nebo obchodním domě?

Batolata nemohou najít své rodiče, kteří by je před tímto strašlivým peklem ochránili. Samotná tato skutečnost je dost strašlivá na to, aby v nich vyvolala nesnesitelnou hrůzu. Navíc hrozivé hlasy a groteskní smích poslů pekla nutí děti křičet v slzách ještě hlasitěji, ale všechno je zbytečné.

Aby zabili čas, vrážejí poslové pekla batolatům do zad, šlapají po nich nebo je bičují. Poté se batolata v šoku a bolesti pokoušejí skrčit nebo před nimi utéct. Na tak přeplněném místě ale nemohou batolata utéct a ve změti slz a fňukání se do sebe navzájem zaplétají, pošlapávají se, zraňují a odírají se do krve. Za těchto žalostných okolností děti neustále roní slzy, protože touží po své matce, mají hlad a jsou vyděšené. Samotné takovéto podmínky jsou pro tyto děti „peklem."

Je stěží možné, aby se dvouleté nebo tříleté děti dopustily vážných hříchů a zločinů. Navzdory této skutečnosti jsou díky svému prvotnímu hříchu a svým vlastním hříchům takto nešťastně potrestány. O co víc budou potrestáni v pekle dospělí, kteří se dopouštějí mnohem závažnějších hříchů než děti?

Každý však může být od potrestání peklem osvobozen pouze tehdy, jestliže přijme Ježíše Krista, který zemřel na kříži a vykoupil nás a pokud žije ve světle. Může být pak odveden do nebe, neboť mu jsou odpuštěny hříchy minulé, současné i budoucí.

3. Děti, které chodí a mluví

Batolata, která začínají chodit a vysloví jedno nebo dvě slova, začnou běhat a dobře mluvit, jakmile dosáhnou věku tří let. Jaké druhy trestů obdrží v dolním podsvětí tato batolata ve věku od tří do pěti let?

Poslové pekla je pronásledují s vidlemi

Děti ve věku od tří do pěti let jsou odděleny na temném a

prostorném místě, kde jsou ponechány svému trestu. Utíkají, jak jen dovedou všude, kde se mohou vyhnout poslům pekla, kteří je nahánějí s tříhrotými vidlemi v rukou.

Tříhroté vidle jsou vidle, jejichž konec je rozdělen do tří částí. Poslové pekla pronásledují duše těchto dětí a probodávají je vidlemi způsobem, jakým lovec pronásleduje svou kořist. Nakonec tyto děti dosáhnou útesu a daleko dole pod útesem vidí vodu vařící jako láva z aktivní sopky. Nejdříve tyto děti váhají skočit dolů z útesu, ale pak jsou přinuceny skočit do vařící vody, aby se vyhnuly poslům pekla, kteří je honí. Nemají na vybranou.

Zápas o to dostat se z vařící vody

Děti se dokázaly vyhnout propíchnutí vidlemi v rukou poslů, ale nyní se nacházejí ve vařící vodě. Dokážete si vůbec představit, jak bolestivé to musí být? Děti zápasí o to, aby dostaly nad hladinu vařící vody alespoň svou tvář, neboť jim teče do nosních dírek a do úst. Když to vidí poslové pekla, posmívají se dětem: „Není to zábava?" nebo „Ó, to je takové potěšení!" Potom poslové křičí: „Kdo nechal tyto děti propadnout peklu? Doveďme jejich rodiče na cestu smrti, vezměme je sem, až zemřou a nechme je sledovat jejich děti, jak trpí a jak jsou mučeny!"

Pak jsou děti zápasící o únik z vařící vody chyceny do velikánské sítě jako ryby a hozeny zpátky na původní místo, ze kterého začínají znovu utíkat. A tak se tento bolestný proces útěku dětí před posly pekla, kteří je honí s vidlemi a jejich seskok do vařící vody znovu a znovu nekonečně opakují.

Tyto děti mají jen tři až pět let; neumí ještě moc dobře běhat. Přesto se snaží běhat co nejrychleji jen dovedou, aby se vyhnuly pronásledování poslů pekla, kteří je sledují s vidlemi a dostávají se tak k útesu. Skáčou dolů do vařící vody a znovu bojují o to dostat se ven. Potom jsou chyceny do velikánské sítě a hozeny zpátky na původní místo. Tento postup se nekonečně opakuje. Je to tak ubohé a tragické!

Spálili jste si někdy prst o rozpálenou žehličku nebo horký hrnec? Možná potom víte, jak horké a bolestivé to bylo. Nyní si představte, že je celé vaše tělo potopeno ve vařící vodě nebo že jste ponořeni do vařící vody ve velikém hrnci. Jen pomyšlení na něco takového je bolestivé a hrozné.

Jestliže jste někdy utrpěli popáleniny třetího stupně, asi si dobře pamatujete, jak nesmírně bolestivé to bylo. Nejspíš si také pamatujete načervenalé vnitřní maso, zápach spáleného masa a hrozný a smrdutý puch hnijících mrtvých buněk v tomto spáleném mase.

I když se spálená část uzdraví, často zůstávají ošklivé jizvy. Většina lidí má problém přátelit se s lidmi s takovými jizvami. Někdy se stane, že i rodinní příslušníci oběti nejsou schopni s tímto člověkem stolovat. Během doby rekonvalescence pacient nemusí vydržet škrábání spáleného masa a v nejhorších případech se u takového pacienta rozvine duševní choroba nebo spáchá sebevraždu kvůli pocitu dušení a bolestem v průběhu léčby. Jestliže dítě trpí popáleninami, srdce jeho rodičů rovněž cítí bolest.

Avšak i ty nejhorší popáleniny na tomto světě nelze srovnávat s trestem duší nespasených batolat, kterým budou opakovaně trpět v pekle, a to bez konce. Velikost bolesti a rozsah krutosti tohoto trestu vnuceného těmto dětem v pekle jednoduše přesahuje naši představivost.

Před těmito opakujícími se tresty nelze nikam utéct ani se schovat

Děti běží a utíkají, aby se vyhnuly poslům pekla, kteří je honí s tříhrotými vidlemi v rukou a ony padají do vařící vody ze slepého útesu. Jsou zcela ponořené ve vařící vodě. Vařící voda se lepí na jejich těla jako lepkavá láva a smrdutě páchne. Navíc odporná a lepkavá vařící voda vniká do jejich nosních dírek a do úst, zatímco zápasí o to dostat se z hlubin vařící vody ven. Jak toto můžeme srovnávat s jakýmkoliv druhem popálenin na tomto světě bez ohledu na to, jak vážné mohou být?

Tyto děti nemají utlumené smysly, třebaže jsou mučeny opakovaně bez přestávky. Nemohou se zbláznit a ani na chviličku ztratit vědomí nebo vnímavost k bolesti. Nemohou spáchat sebevraždu, aby se této bolesti v pekle vyhnuly. Jak je to žalostné!

Takovýmto trestem spočívajícím ve strašné bolesti trpí v dolním podsvětí za své hříchy děti ve věku tří, čtyř nebo pěti let. Dokážete si vůbec představit druh a velikost trestů uložených starším lidem v ostatních částech pekla?

4. Děti od šesti do dvanácti let

Jaké druhy trestů budou v dolním podsvětí uloženy nespaseným dětem ve věku od šesti do dvanácti let?

Zahrabány u řeky plné krve

Od stvoření světa prolévá bezpočet duší svou krev, zatímco jsou hrozně mučeny v dolním podsvětí. O co více krve budou prolévat zvláště vzhledem k tomu, že se jejich ruce a nohy obnoví, jakmile dojde k jejich useknutí?

Množství jejich krve stačí k tomu, aby vytvořilo řeku, protože jejich trest se nekonečněkrát opakuje bez ohledu na množství krve, které již bylo prolito. I na tomto světě po větší válce nebo masakru vytvoří krev lidí kaluže krve nebo malou řeku. V takovém případě je vzduch nasáklý smrdutým zápachem hnijící krve. V horkých dnech je zápach horší, rojí se různé druhy škodlivého hmyzu a nakažlivé nemoci propukají v epidemie.

V dolním podsvětí pekla nejsou malé kaluže krve ani malá řeka, ale široká a hluboká řeka plná krve. Děti od šesti do dvanácti let si odpykávají svůj trest na břehu řeky, kde jsou zahrabány. Čím závažnější jsou hříchy, kterých se dopustily, tím blíž k řece a hlouběji jsou zahrabány.

Hloubení země

Děti, které jsou od krvavé řeky daleko, nejsou zahrabány do země. Přece však mají takový hlad, že neustále vyhrabávají tvrdou zemi holýma rukama v naději, že najdou něco k snědku. Zoufale a marně hloubí zem, dokud nepřijdou o své nehty a z jejich konečků prstů se nestanou pahýly. Jejich prsty se opotřebují až na polovinu své původní velikosti a zmáčí se krví. Postupně dojde i k obnažení kostí jejich prstů. Nakonec dojde také k opotřebování jejich dlaní. Navzdory této bolesti jsou však tyto děti nuceny hloubit zem v chabé naději, že najdou jídlo.

Jak se blížíte směrem k řece, můžete snadno zjistit, že děti jsou horší a horší. Čím horší děti jsou, tím blíže k řece jsou umístěny. Bojují dokonce i mezi sebou navzájem, aby v nesmírném hladu ukously kousek masa toho druhého, zatímco jsou po pás zahrabány v zemi.

Ty nejhorší děti jsou potrestány úplně u břehu řeky, kde jsou zahrabány do země až po krk. Když jsou lidé na tomto světě zahrabáni po krk v zemi, nakonec zemřou, protože krev nemůže cirkulovat po celém těle. Skutečnost, že zde není smrt, znamená pro nespasené duše trestané v pekle pouze nekonečná muka.

Trpí smrdutým zápachem řeky. Všemožné druhy škodlivého hmyzu od řeky, jako jsou komáři nebo mouchy, koušou a štípou děti do tváře, ale ony hmyz nemohou plácnout, protože jsou zahrabány v zemi. Nakonec jejich tváře otečou do té míry, že jsou k nerozeznání.

Ubohé děti: hračky poslů pekla

Toto není v žádném případě konec dětského utrpení. Jejich ušní bubínky mohou prasknout kvůli hlasitému smíchu poslů pekla, protože ti odpočívají na břehu řeky, kde se smějí a navzájem si povídají. Poslové pekla, přitom když odpočívají, rovněž šlapou nebo sedí na hlavách těchto dětí zahrabaných v zemi.

Oděv a obuv poslů pekla jsou vybaveny těmi nejostřejšími předměty. A tak kdykoliv poslové šlapou po těchto dětech nebo na nich sedí, drtí jejich hlavy, mačkají jejich tváře a trhají chomáče jejich vlasů. Kromě toho poslové drásají tváře dětí nebo zašlapávají jejich hlavy svýma nohama. Jak krutý je tento trest?

Možná se divíte: „Je možné, aby se děti ze základní školy dopustily takových hříchů, aby se jim dostalo tak krutého trestu?" Ať jsou tyto děti jakkoliv malé, mají v sobě prvotní hřích a hříchy, které spáchaly úmyslně. Duchovní zákon, který říká, že „mzdou hříchu je smrt," je všeobecně platný pro každou osobu bez ohledu na její věk.

5. Chlapci, kteří se posmívali proroku Elíšovi

2 Královská 2:23-24 líčí scénu, ve které prorok Elíša stoupal z Jericha do Bét-elu. Jak prorok kráčel po cestě, vyšli z města malí chlapci, pošklebovali se mu a pokřikovali na něj: „Táhni, ty s lysinou, táhni, ty s lysinou!" Elíša je již nemohl déle vystát a nakonec jim zlořečil. Vtom vyběhly z křovin dvě medvědice a „roztrhaly z nich čtyřicet dvě" dětí. Co si myslíte, že se stalo těmto čtyřiceti dvěma dětem v dolním podsvětí?

Zahrabáni až po krk

Dvě medvědice roztrhaly čtyřicet dva dětí. Takže si dokážete představit, kolik dětí muselo proroka pronásledovat a posklebovat se mu. Elíša byl prorokem, který vykonal mnoho mocných Božích skutků. Jinými slovy, Elíša by chlapce neproklel, pokud by se mu vysmívali jen několika slovy.

Ale oni ho pronásledovali a neustále se mu vysmívali: „Táhni, ty s lysinou, táhni, ty s lysinou!" Kromě toho na něj házeli kameny a popichovali jej holí. Prorok Elíša je musel nejprve vážně pokárat a vynadat jim, ale proklel je jen proto, že byli příliš špatní, aby jim bylo odpuštěno.

Tato událost se přihodila před několika tisíci lety, když měli lidé mnohem lepší svědomí a zlo nebylo tak běžné jako za našich časů. Tyto děti musely být natolik zlé, že se vysmívaly a posklebovaly starému prorokovi, jakým byl Elíša, který konal mocné Boží skutky.

V dolním podsvětí jsou tyto děti potrestány blízko řeky plné krve a jsou zahrabány až po krk. Dusí se tím neodpornějším zápachem z řeky a zároveň je štípe všemožný škodlivý hmyz. Kromě toho je surově mučí poslové pekla.

Rodiče musí vést své děti

Jak se chovají děti v dnešní době? Některé z nich nechají své kamarády venku v mrazu, vezmou jim jejich kapesné nebo peníze na oběd, zbijí je nebo je dokonce popálí nedopalkem od cigarety – všechno jen proto, že je nemají rády. Některé děti dokonce spáchají sebevraždu, protože nemohou déle strpět takovéto opakované a kruté trýznění. Jiné děti tvoří organizované gangy, když jsou ještě na základní škole a zabijí i člověka, přičemž napodobují nechvalně známé zločince.

Proto by měli rodiče vychovávat své děti tak, aby se vyhnuli tomu, že se děti budou přizpůsobovat tomuto světu a místo toho je vést k tomu, aby rozvíjely a žily bohabojný život a byly věrné Bohu. Jak hrozně by vám to bylo líto, kdybyste vešli do nebe a uviděli své děti mučené v pekle? Jen pomyšlení na něco takového je strašné.

A tak byste měli vychovávat své drahé děti tak, aby žily ve víře v souladu s pravdou. Například byste měli učit své děti během bohoslužby nemluvit ani nepobíhat okolo, ale modlit se a chválit z celého jejich srdce, mysli a duše. Dokonce i kojenci, kteří nemohou rozumět tomu, co jejich matka říká, dobře spí a nepláčou během bohoslužby, když se za ně jejich matka modlí a vychovává je ve víře. Tyto děti také dostanou v nebi za své chování odměnu.

Děti ve věku tří nebo čtyř let dokážou uctívat Boha a modlit se, když je rodiče učí, aby si z toho udělaly pravidlo. V závislosti na věku může být hloubka modlitby různá. Rodiče mohou učit své děti pozvolna prodlužovat dobu modlitby, např. od pěti minut na deset minut, na třicet minut, na jednu hodinu a tak dále.

Ať jsou tyto děti jakkoliv malé, když je rodiče vyučují Slovo podle jejich věku a úrovně chápání a učí je žít podle něj, děti se budou usilovněji snažit dodržovat Boží slovo a žít tak, aby se líbily Bohu. Také budou činit pokání a vyznávat v slzách své hříchy, když v nich bude působit Duch svatý. Nabádám vás k tomu, abyste je konkrétně vyučovali o tom, kdo je Ježíš Kristus a vedli je tak, aby rostly ve víře.

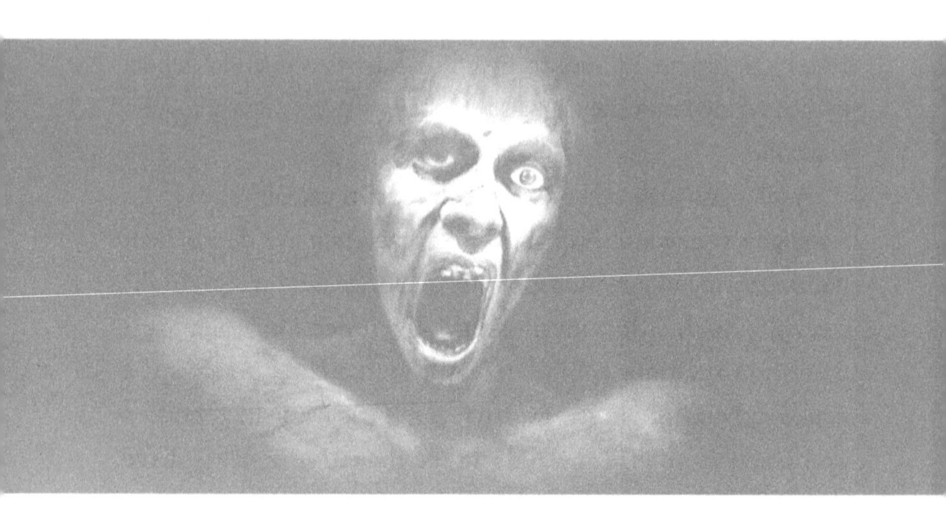

Kapitola 5

Tresty pro lidi, kteří zemřou v popubertálním věku

1. Tresty první úrovně
2. Tresty druhé úrovně
3. Potrestání faraóna
4. Tresty třetí úrovně
5. Potrestání Pontia Piláta
6. Potrestání Saula, prvního izraelského krále
7. Tresty čtvrté úrovně – trest pro Jidáše Iškariotského

„Do podsvětí byla svržena tvá pýcha,
hlučný zvuk tvých harf.
Máš ustláno na hnilobě, přikrývku máš z červů.“
- Izajáš 14:11 -

„Oblak se rozplyne, zmizí;
stejně kdo sestoupí do podsvětí,
už nevystoupí.“
- Job 7:9 -

Každý, kdo vstoupí do nebe, obdrží podle svých skutků v tomto životě různé odměny a slávu. Jedincům v dolním podsvětí budou naopak podle jejich zlých skutků v tomto životě uloženy různé tresty. Lidé v pekle trpí strašlivou a trvalou bolestí a pronikavost bolesti a muk se u nich navzájem liší v závislosti na jejich vlastních skutcích v tomto životě. Ať člověk skončí v nebi nebo v pekle, bude sklízet, co zasel.

Čím více hříchů jste spáchali, do tím hlubší části pekla vstoupíte a čím těžší jsou vaše hříchy, tím trýznivější bolest v pekle zažijete. V závislosti na tom, jak hodně je něčí srdce opakem k Božímu srdci – jinými slovy, jak hodně se něčí povaha podobá hříšné povaze Lucifera – bude určena přísnost potrestání.

Galatským 6:7-8 nám říká: „*Neklamte se, Bohu se nikdo nebude posmívat. Co člověk zaseje, to také sklidí. Kdo zasévá pro své sobectví, sklidí zánik, kdo však zasévá pro Ducha, sklidí život věčný.*" Tímto způsobem jistě sklidíte, co jste zaseli.

Jaké druhy trestů obdrží v dolním podsvětí lidé, kteří zemřeli v popubertálním věku? V této kapitole budu probírat čtyři úrovně trestů v dolním podsvětí uložené duším podle jejich skutků v tomto životě. Jen na okraj, prosím pochopte, že nemohu poskytnout barvité detaily. Velikost vašeho strachu by byla zatížena mimořádným břemenem.

1. Tresty první úrovně

Některé duše jsou nuceny stát na písku, který je sedmkrát rozpálenější než písek na poouštích nebo plážích tohoto světa.

Před utrpením nemají kam uniknout, protože to vypadá, jako by uvázli uprostřed velikánské pouště.

Šlapali jste někdy v horkém letním dni bosýma nohama po rozpáleném horkém písku? Když se snažíte v horkém slunečném letním dni procházet po pláži bosýma nohama, nedokážete snést bolest ani deset nebo patnáct minut. Písek v tropických částech světa je mnohem rozpálenější. Pamatujte na to, že písek v dolním podsvětí je sedmkrát rozpálenější než ten nejrozpálenější písek na tomto světě.

Během své poutě do Svaté země jsem se namísto toho, abych nastoupil do vozíku, pokusil běžet směrem k Mrtvému moři po vyasfaltované cestě. Nejprve jsem spolu se dvěma jinými poutníky, kteří mě na cestě doprovázeli, běžel rychle. Zprvu jsem necítil žádnou bolest, ale asi v půli cesty jsem pocítil pálení napříč obou svých chodidel. Ačkoliv jsme chtěli této bolesti uniknout, nebylo kam jít; po obou stranách cesty byly lány štěrku, který byl zrovna tak horký.

Skončilo to tak, že jsme museli doběhnout na druhý konec cesty, kde jsme si mohli v cíli ponořit a namočit nohy do studené vody sousedícího bazénu. Naštěstí nikdo z nás neutrpěl popáleniny. Tento běh trval pouze okolo deseti minut a stačilo to k tomu, aby nám to způsobilo nesnesitelnou bolest. Představte si tedy, že budete nuceni stát věčně na písku, který je sedmkrát rozpálenější než jakýkoliv písek na této zemi. Bez ohledu na to, jak nesnesitelně horký písek je, zcela určitě zde neexistuje žádná možnost snížení nebo konce tohoto trestu. Toto je však ten nejlehčí trest v dolním podsvětí.

Je tu další duše, která je mučena jiným způsobem. Je nucena

ležet na těžkém balvanu, který je rozžhaven do ruda a je potrestána tak, že se neustále peče, aniž by byl v dohlednu nějaký konec. Scéna se podobá pečení masa na syčícím grilu. Potom je další balvan, který byl rovněž rozžhaven do ruda, shozen na její tělo, které rozdrtí spolu se vším, co je v něm. Představte si jakýkoliv druh oblečení, které žehlíte: žehlící prkno je balvan, na kterém je položeno oblečení – odsouzená duše – a žehlička je druhý balvan žehlící oblečení.

Žár je pouze jednou částí mučení; rozdrcení částí těla je jeho druhou částí. Údy jsou tlakem mezi dvěma balvany roztříštěny na kusy. Síla tlaku je dost silná na to, aby roztříštila žebra a vnitřní orgány těla. Když dojde k rozmačkání lebky, vylezou z důlků oční bulvy a všechen mok z lebky vyteče ven.

Jak se dá vylíčit utrpení této duše? Ačkoliv jde o duši bez fyzické podoby, přeci může cítit a trpět strašlivou bolestí tak, jak je to možné v tomto životě. Je v trvalé agónii. Spolu s ječením ostatních mučených duší je tato duše vězněm svého vlastního strachu a hrůzy a naříká a křičí: „Jak se dá uniknout před tímto mučením?"

2. Tresty druhé úrovně

Prostřednictvím příběhu o bohatém muži a Lazarovi v Lukášovi 16:19-31 můžeme získat letmý pohled na bídnost dolního podsvětí. Z moci Ducha svatého jsem slyšel nářek muže mučeného v dolním podsvětí. Modlím se proto, abyste se při poslechu následujícího vyznání probudili ze své duchovní dřímoty.

Jsem dokola vláčen sem a tam,
ale konec je v nedohlednu.
Běžím a běžím, ale bez konce.
Nikde nemohu najít místo, kde se skrýt.
Na tomto místě plném nejodpornějšího zápachu
ze mě stahují kůži.
Hmyz ze mě okousává maso.
Snažím se před ním utéct,
ale jsem pořád na stejném místě.
Pořád mě kouše a užírá mé tělo;
saje mou krev.
Chvěji se hrůzou a strachem.
Co si jen počnu?

Prosím, naléhavě tě žádám,
dej lidem vědět, co se se mnou děje.
Pověz jim o mém mučení,
aby zde neskončili jako já.
Opravdu nevím, co si počít.
Za velikého strachu a hrůzy
dokážu pouze sténat.
Je marné hledat útočiště.
Škrábe mě po zádech.
Kouše mě do rukou.
Stahuje ze mě kůži.
Užírá ze mě svaly.

Saje mou krev.
Až tohle skončí,
budu vhozen do hořícího jezera.
Co jen mohu dělat?
Co si počnu?

Ačkoliv jsem neuvěřil v Ježíše jako svého Spasitele,
myslel jsem, že jsem člověk s dobrým svědomím.
Do doby, než jsem skončil v dolním podsvětí,
jsem si nikdy neuvědomil, že jsem se dopustil tolika hříchů!
Nyní mohu jen dokola litovat
věcí, které jsem udělal.
Prosím, zařiď,
aby zde nebylo více lidí jako jsem já.
Mnoho lidí tady si v životě myslelo,
že vedli dobrý život.
Ale všichni jsou tady.
Mnoho z těch, kteří tvrdili, že věří
a mysleli si, že žili
podle Boží vůle, jsou rovněž zde
a jsou mučeni ještě krutěji než já.

Přeji si, abych mohl ztratit vědomí
a aspoň na chvíli zapomenout na utrpení, ale nejde to.
Nemohu si odpočinout, i když zavřu oči.
Když je otevřu,
nic nevidím a nic není hmatatelné.
I když pokračuji v běhu sem a tam,

jsem pořád na stejném místě.
Co jen mohu dělat?
Co si počnu?
Žádám tě, prosím zařiď,
aby zde nebyl už nikdo další a
nenásledoval mé kroky!

Tato duše je ve srovnání s mnoha dalšími v dolním podsvětí relativně dobrým člověkem. Naléhavě žádá Boha, aby dal lidem vědět, co se s ním stalo. I při hrozném mučení si dělá starosti o duše, které by zde mohly skončit. „Způsob, jakým bohatý muž prosil za své bratry, ať jsou varováni, aby " „také oni nepřišli do tohoto místa muk, " tato duše rovněž úpěnlivě prosí Boha (Lukáš 16).

Nicméně ti, kteří budou potrestáni třetí nebo čtvrtou úrovní trestů v dolním podsvětí, v sobě nemají ani tento druh dobroty. Takže odmítají Boha a tvrdě obviňují druhé.

3. Potrestání faraóna

Faraón, král Egypta, který se postavil proti Mojžíšovi, byl potrestán trestem druhé úrovně, ale velikost jeho potrestání hraničí s trestem třetí úrovně.

Jakého zla se faraón ve svém životě dopustil, že si vysloužil tento druh trestu? Proč byl poslán do dolního podsvětí?

Když byli Izraelité utlačováni jako otroci, Mojžíš byl Bohem povolán k tomu, aby vyvedl svůj lid z Egypta a zavedl jej do zaslíbené Kenaanské země. Mojžíš tedy šel k faraónovi a požádal ho, aby dovolil Izraelitům opustit Egypt. Protože si však faraón uvědomoval hodnotu nucené práce Izraelitů, odmítl je propustit.

Skrze Mojžíše seslal Bůh na faraóna, jeho vládní úředníky a jeho lid deset ran. Voda v Nilu se proměnila v krev. Zemi pokryly žáby, komáři a mouchy. Navíc faraón a jeho lid trpěli dobytčím morem, vředy hnisavých neštovic, krupobitím, kobylkami a temnotou. Pokaždé, když trpěli nějakou pohromou, faraón slíbil Mojžíšovi, že dovolí Izraelitům opustit Egypt, jen aby se vyhnul dalším pohromám. Faraón však porušoval své sliby a opakovaně zatvrzoval své srdce pokaždé, když se Mojžíš modlil k Bohu a Bůh odvrátil smrtelné pohromy ze země. Nakonec faraón dovolil Izraelitům odejít až potom, co byl zabit každý prvorozený syn v Egyptě, počínaje dědicem trůnu a konče prvorozeným synem otroka, stejně tak i všechno prvorozené z dobytka.

Nicméně, brzy po poslední ráně faraón opět změnil svůj názor. On a jeho armáda začali stíhat Izraelity, kteří tábořili u Rudého moře. Izraelité se velmi polekali a úpěli k Bohu. Mojžíš pozdvihl svou hůl a vztáhnul ruku nad Rudé moře. Potom se stal zázrak. Rudé moře bylo Boží mocí rozpolceno. Izraelité přešli Rudé moře po suchu a Egypťané je pronásledovali a vešli za nimi doprostřed moře. Když Mojžíš znovu vztáhl ruku nad moře na druhé straně Rudého moře: „*Vody se vrátily, přikryly vozy i jízdu celého faraónova vojska, které vešlo za Izraelci do moře. Nezůstal z nich ani jediný*“ (Exodus 14:28).

Mnoho dobromyslných pohanských králů v Bibli věřilo v

Boha a uctívali ho. Avšak faraón měl zatvrzelou mysl, ačkoliv se stal desetkrát svědkem Boží moci. V důsledku toho se faraónovi přihodily vážné pohromy jako smrt dědice jeho trůnu, zničení jeho armády a bída jeho národa.

V dnešní době lidé slyší o všemohoucím Bohu a jsou přímo svědky jeho moci. Zatvrzují ale svá srdce způsobem, jakým to činil faraón. Nepřijímají Ježíše jako svého osobního Spasitele. Kromě toho odmítají činit pokání ze svých hříchů. Co se s nimi stane, budou-li i nadále žít způsobem jako nyní? Nakonec se jim dostane stejného trestu jako faraónovi v dolním podsvětí.

A co se vůbec děje s faraónem v dolním podsvětí?

Faraón uvězněn v odpadní vodě

Faraón je uvězněn v močálu s odpadní vodou vydávající odporný zápach. Jeho tělo je v močálu připoutáno tak, že se nemůže pohnout. Není zde sám, ale jsou tady uvězněné i jiné duše za podobné hříchy jako jsou ty jeho.

Skutečnost, že byl králem, mu v dolním podsvětí nezajišťuje lepší zacházení. Naopak, protože měl vysoké postavení a moc, byl domýšlivý, obsluhován ostatními lidmi a žil v hojnosti, poslové pekla se mu vysmívají a mučí ho o to krutěji.

Močál, ve kterém je faraón umístěn, není naplněn pouze odpadní vodou. Viděli jste někdy hnijící a znečištěné trupy lodí díky špinavé vodě a splaškům? Co třeba přístavy, kde se nakládají lodě? Taková místa jsou plná benzínu, odpadků a nepříjemného zápachu. Zdá se nemožné, aby v takovém prostředí existoval jakýkoliv život. Kdybyste do této břečky měli ponořit své ruce, měli byste obavy o to, aby se vaše kůže vším tím odporným obsahem plovoucím ve vodě nějak nekontaminovala.

Faraón se nachází v takovémto vězení. Navíc je tento močál plný všemožného hmyzu nahánějícího husí kůži. Hmyz se podobá se červům, ale je mnohem větší.

Hmyz okousává měkčí části těla

Tento hmyz se přibližuje k duším uvězněným v močálu a začne nejprve okousávat měkčí části těla. Kouše do očí a skrze oční důlky se dostane do lebky a začne ohryzávat samotný mozek. Dokážete si představit, jak to bolí? Nakonec hryže do všeho od hlavy až k patě. K čemu lze přirovnat takováto muka?

Jak bolestivé je, když se vám do očí dostane prach? O co bolestivější bude, když vás do očí kouše hmyz? Věříte, že dokážete snést bolest způsobenou tím, jak se vám tento hmyz prokousává skrze celé vaše tělo?

Nyní předpokládejme, že je vám pod nehty u rukou vsunuta jehla nebo vám propichuje konečky prstů. Tento hmyz pokračuje ve stahování kůže a pomalu vám sdírá svaly, až jsou odhaleny kosti. Hmyz se nezastaví na hřbetě vašich rukou. Rychle postupuje k vašim pažím a ramenům a dolů k hrudníku, břichu, nohám a hýždím. Uvězněné duše snášejí mučení a bolest, která toto všechno doprovází.

Hmyz opakovaně okousává vnitřní orgány

Většina žen, když jenom uvidí červa, vyděsí se, natož aby se ho vůbec dotkla. Představte si nyní mnohem ošklivější hmyz mnohem větší než je červ, který bodá odsouzené duše. Nejprve hmyz propíchává jejich těla až po břicho. Potom začne ohryzávat jejich tělo od vnitřností až po střeva. Hmyz poté saje mok z jejich mozku. Během celé doby nemohou odsouzené duše hmyz zahnat, přemístit se nebo před tímto strašlivým hmyzem utéct.

Hmyz postupně pokračuje v okousávání jejich těl, zatímco duše sledují, jak části jejich těl ukousává a ohryzává. Kdybychom byli jen na deset minut podrobeni tomuto druhu mučení, zblázníme se. Jednou z takto odsouzených duší na tomto bídném místě je faraón, který zpochybnil Boha a jeho služebníka Mojžíše. Trpí touto mučivou bolestí, zatímco je plně při vědomí, živě přítomen a cítí, jak hmyz části jeho těla ohryzává a sdírá.

Myslíte, že potom, co hmyz zcela okouše něčí tělo, nastane konec mučení? Ne. Za chvíli jsou okousané a sedřené části těla plně obnoveny a hmyz spěchá zpátky k duši, aby začal znovu ohlodávat různé části těla. Není zde žádná přestávka ani konec. Bolest se nezmenšuje ani se na mučení nedá zvyknout – tedy stát se necitlivým.

Takhle funguje duchovní svět. Když v nebi snědí Boží děti ovoce ze stromu života, je toto ovoce obnoveno. Podobně se v dolním podsvětí, navzdory tomu, kolikrát nebo jak moc tento hmyz okouše části vašeho těla, každá část vašeho těla potom, co byla zničena a rozmělněna, ihned obnoví.

I když někdo vede čestný a uvědomělý život

Mezi čestnými lidmi jsou takoví, kteří nechtějí nebo si

nezvolí přijmout Ježíše a evangelium. Navenek se zdají dobří a charakterní, ale podle pravdy nejsou dobří ani charakterní.

Galatským 2:16 nám připomíná: *„Víme však, že člověk se nestává spravedlivým před Bohem na základě skutků přikázaných zákonem, nýbrž vírou v Krista Ježíše. I my jsme uvěřili v Ježíše Krista, abychom došli spravedlnosti z víry v Krista, a ne ze skutků zákona. Vždyť ze skutků zákona ‚nebude nikdo ospravedlněn.'"* Spravedlivý člověk je ten, který může být spasen kvůli jménu Ježíše Krista. Až potom mohou být všechny jeho hříchy odpuštěny skrze víru v Ježíše Krista. Navíc, jestliže věří v Ježíše Krista, bude se jistě řídit Božím slovem.

Jestliže někdo navzdory hojným důkazům Božího stvoření vesmíru a jeho zázrakům a moci vykonaných skrze jeho služebníky stále popírá všemohoucího Boha, není nikým jiným než špatným člověkem se zatvrzelým svědomím.

Ze své vlastní perspektivy možná žil čestný život. Pokud však trvá na odmítnutí Ježíše jako svého osobního Spasitele, nemá kam jít vyjma pekla. Ale, protože takovýto jedinci žili poměrně dobrý a čestný život ve srovnání se špatnými lidmi, kteří se dopouštěli hříchů do té míry, do jaké chtěli následovat své hříšné touhy, budou v dolním podsvětí potrestáni tresty buď první nebo druhé úrovně.

Mezi těmi, kdo zemřou, aniž by dostali možnost přijmout evangelium, většina z těch, kteří neuspějí u soudu svědomí, obdrží tresty první nebo druhé úrovně. A jak se můžete domnívat, tak duše, která bude v dolním podsvětí potrestána trestem třetí nebo čtvrté úrovně, musela být mnohem horší a hříšnější než mnoho jiných.

4. Tresty třetí úrovně

Tresty třetí a čtvrté úrovně jsou rezervovány pro všechny ty, kdo se obrátili proti Bohu, měli označeno svoje svědomí, pomlouvali a rouhali se proti Duchu svatému a překáželi nastolení a šíření Božího království. Kromě toho každý, kdo považoval jednotlivé Boží církve za „heretické" bez pevného důkazu, rovněž obdrží trest třetí nebo čtvrté úrovně.

Než se hlouběji ponořím do vykreslení trestů třetí úrovně v dolním podsvětí, proberme stručně různé formy mučení, které člověk vymyslel.

Krutá mučení, která člověk vymyslel

V dobách, kdy byla lidská práva více z říše fantazie než v dnešních poměrech, bylo vynalezeno a provádělo se bezpočet druhů tělesných trestů včetně nejrůznějších forem mučení a poprav.

Například vězeňská stráž ve středověké Evropě vzala vězně do sklepení budovy, aby z něj dostala přiznání. Po cestě vězeň viděl na podlaze skvrny od krve a v místnosti viděl nejrůznější druhy nástrojů používaných a připravených k mučení. Slyšel nesnesitelné ječení rozléhající se po celé budově, které ho zcela ochromovalo.

Jednou z nejběžnějších metod mučení bylo dát vězňovy (nebo kohokoliv jiného, kdo měl být mučen) prsty rukou a nohou do maličkých kovových obručí. Kovové obruče se postupně utahovaly, dokud se prsty nerozdrtily. Jak se kovová obruč pozvolna utahovala, po jednom se vytrhávaly nehty na rukou a na nohou.

Jestliže se po tomto mučení vězeň nepřiznal, byl pověšen do vzduchu, přičemž měl paže ohnuté dozadu a jeho tělo bylo zkroucené do všech směrů. Při tomto mučení se přidala další bolest z toho, jak se tělo různou rychlostí vyzvedávalo do vzduchu a shazovalo dolů k zemi. V nejhorším případě byl ke kotníku vězně přivázán těžký kus železa, zatímco on stále visel ve vzduchu. Hmotnost železa byla dostatečná k tomu, aby roztrhala svaly a kosti v těle. Pokud se vězeň stále nepřiznal, použily se mnohem strašlivější a trýznivější metody mučení.

Vězeň byl posazen do křesla speciálně navrženého k mučení. Sedadlo, opěradlo a opěrky křesla byly hustě posety maličkými špendlíky. Když vězeň uviděl tento hrůzu nahánějící předmět, pokusil se běžet jako o život, ale vězeňská stráž, mnohem mohutnější a silnější než on sám, ho donutila usednout na křeslo. Za okamžik vězeň cítil, jak mu špendlíky probodávají tělo.

Jiným druhem mučení bylo pověsit podezřelého nebo vězně vzhůru nohama. Po hodině jeho krevní tlak vyletěl mimo tabulkové hodnoty, cévy v mozku vyrazily ven a krev se řinula ven z mozku skrze oči, nos a uši. Déle již nemohl vidět, cítit ani slyšet.

Občas se při mučení používal oheň, aby donutil vězně k poddajnosti. Zmocněnec přistoupil k podezřelému s hořící svíčkou. Přiblížil svíčku do podpaží nebo k chodidlům podezřelého. Podpaží se pálí proto, že patří mezi nejcitlivější části lidského těla, zatímco chodidla se pálí z toho důvodu, že bolest zde trvá déle.

Jindy byl podezřelý donucen nosit boty z rozpáleného železa

na bosých nohou. Potom trýznitel škubal za choulostivé maso. Nebo mučitel vyříznul vězni jazyk či spálil jeho patro v ústech horkými kovovými kleštěmi. Pokud byl vězeň odsouzen k smrti, byl vpleten do rámu podobajícímu se kolu, který byl vytvořen tak, aby roztříštil tělo na kusy. Rychlé točení roztrhalo tělo na kusy, zatímco vězeň byl stále naživu a při vědomí. Příležitostně byli vězni usmrceni tak, že se jim do nosních a ušních dírek nalilo roztavené olovo.

Vědouce, že nebudou schopni snést bolest mučení, mnoho vězňů často podplatilo mučitele a vězeňskou stráž, aby byla jejich smrt rychlá a bezbolestná.

Toto jsou některé metody mučení vymyšlené člověkem. Pouhá jejich představa stačí k tomu, aby v nás zanechala strach z šíleného obrazu. Potom již můžete pouze předpokládat, že mučení prováděné posly pekla, kteří jsou pod přísným vedením Lucifera, může být jen trýznivější než jakákoliv jiná forma mučení, kterou kdy vymyslel člověk. Tito poslové pekla nemají slitování a když slyší duše v dolním podsvětí ječet a naříkat hrůzou, cítí pouze potěšení. Stále se snaží přijít na krutější a bolestivější techniky mučení, které by na těchto duších vyzkoušeli.

Můžete si dovolit jít do pekla? Můžete si dovolit vidět své milované, svou rodinu a přátele v pekle? Všichni křesťané musí považovat za svou povinnost šířit a kázat evangelium a udělat všechno, co je v jejich silách, aby spasili alespoň ještě další duši před tím, aby propadla peklu.

Jaké přesně jsou tedy tresty třetí úrovně?

i) Poslové pekla nosící strašné prasečí masky

Jedna duše v dolním podsvětí je přivázána ke stromu a její maso je pozvolna krájeno na maličké kousky. Možná to můžeme přirovnat ke krájení ryby za účelem přípravy sashimi. Posel pekla, který má na sobě ošklivou a strašidelnou masku, připravuje všechny nezbytné nástroje k mučení. Tyto nástroje zahrnují široký výběr nástrojů od malé dýky až po sekeru. Potom posel pekla nabrousí nástroje o kámen. Nástroje však nepotřebují naostřit, protože ostří každého nástroje v dolním podsvětí zůstává vždy tak ostré, jak má být. Skutečným důvodem broušení je ještě více vyděsit duši čekající na své mučení.

Krájení masa začíná u konečků prstů

Když duše slyší řinčet tyto nástroje a když se k ní posel pekla přiblíží s širokým úsměvem nahánějícím husí kůži, je hrozně vystrašená a zděšená!

‚Tento nůž bude krájet mé maso...
Tato sekera bude brzy odsekávat mé údy...
Co si počnu?
Jak jen snesu tuhle bolest?'

Hrůza samotná ji téměř udusí. Duše si neustále připomíná, že je pevně přivázaná ke kmeni stromu, nemůže se hýbat a cítí, jak se jí provaz zařezává do těla. Čím víc se snaží uniknout od stromu, tím pevněji se provaz utahuje kolem jejího těla. Posel pekla se k ní přibližuje a začíná krájet její maso, přičemž začíná od konečků prstů. Kus masa pokrytý krvavou sraženinou padá na zem. Za chvíli dojde k vyrvání nehtů na rukou, prsty budou uříznuty také. Posel odkrajuje maso od prstů směrem k zápěstí a k rameni. Vše, co na paži zůstane, jsou kosti. Potom se posel přesune dolů k lýtku a vnitřnímu stehnu.

Dokud nebudou odhaleny vnitřní orgány

Posel pekla začíná krájet břicho. Když jsou odhaleny vnitřnosti a střeva, vyrve tyto orgány a odhodí je. Popadne a vyrve svými ostrými nástroji také ostatní orgány.

Až do této chvíle je duše při vědomí a sleduje celý proces: jak je odkrajováno její maso a zahazovány vnitřnosti. Představte si, že vás někdo přiváže a odřezává po částech vaše tělo počínaje hřbetem vašich rukou, kousek po kousku, každá část o velikosti nehtu vašich rukou. Když se vás nůž dotkne, je ihned prolita krev a okamžitě začíná utrpení. Žádná slova nemohou dostatečně vyjádřit váš strach. Když je vám v dolním podsvětí uložen tento trest třetí úrovně, nejedná se jen o kus vašeho těla; je vám stažena kůže z celého vašeho těla v celém svém rozsahu, od hlavy až k patě a vyrvány všechny vaše vnitřnosti, jedna po druhé.

Znovu si vybavíme obraz *sashimi,* japonského pokrmu ze syrové ryby. Kuchař pouze oddělil její kosti a kůži. A nakrájel její maso na co nejslabší plátky. Pokrm je upraven do podoby živé ryby. Zdá se, jakoby ryba stále žila a můžete vidět, jak se hýbou její žábra. Kuchař v restauraci nemá s rybou slitování, protože kdyby ho měl, nemohl by dělat tuhle práci.

Prosím, předkládejte neustále Bohu v modlitbách své rodiče, manžela či manželku a své přátele. Jestliže nejsou spaseni a skončí v pekle, mohou trpět tímto mučením, kdy jim budou nemilosrdní poslové pekla odkrajovat kůži a oškrabávat kosti. Je vaší křesťanskou povinností šířit dobrou zprávu, protože v den soudu Bůh každého z nás učiní zodpovědným za kohokoliv, koho jsme nedokázali přivést s sebou do nebe.

Probodávání očí duše

Posel pekla tentokrát vezme namísto nože špendlík. Duše již ví, co se s ní bude dít, protože to není poprvé, co bude muset toto vytrpět; ode dne, kdy byla přivedena do dolního podsvětí, byla tímto způsobem mučena již stokrát nebo tisíckrát. Posel pekla se k duši přiblíží, špendlíkem ji bodne hluboko do oka a nechá na chvíli špendlík v očním důlku. Jak vyděšená musí duše být, když vidí špendlík, který se k ní blíží stále blíž a blíž? Muka z toho, že se jí špendlík zabodne do oka, se nedají popsat slovy.

Je to konec mučení? Ne. Zbývá ještě tvář. Posel pekla nyní odkrajuje tváře, nos, čelo a zbytek tváře. Nezapomene odkrojit kůži z uší, rtů a krku. Jak postupně odkrajuje krk, ten se stává tenčím a tenčím, dokud se neulomí z ramenou. Toto uzavírá jedno kolo mučení, ale tento konec pouze signalizuje začátek nové série mučení.

Nedá se ani ječet a křičet

Za malou chvíli jsou části těla, které byly uřezány, znovu

obnoveny, jakoby se s nimi nikdy nic nestalo. Zatímco se tělo samo regeneruje, je zde krátký okamžik, během kterého bolest a muka přestávají existovat. Tato přestávka však pouze připomíná duši, že ji čeká další mučení a brzy se začne třást nekontrolovatelným strachem. Zatímco očekává mučení, znovu slyší zvuk broušení nástrojů. Čas od času na sebe posel pekla vezme ohavnou prasečí masku, která na duši vrhá letmé pohledy naháněјící husí kůži. Posel je připraven na novou sérii mučení. Trýznivé mučení znovu začíná. Myslíte, že byste to unesli? Žádná část vašeho těla se nikdy nestane necitlivou na mučící nástroje ani na neustálou bolest. Čím více jste mučeni, tím více trpíte.

Podezřelý ve vazbě nebo vězeň, který má být mučen, ví, že to, co ho čeká, bude trvat pouze krátkou dobu, ale přesto se chvěje a třese ohromným strachem. Dejme tomu, že se k vám blíží posel pekla s ošklivou prasečí maskou a rozmanitými nástroji v ruce, řinčícími o sebe. Mučení se bude bez konce opakovat: odřezávání masa, vytahování vnitřních orgánů, probodávání očí a další.

Proto duše v dolním podsvětí nemůže ječet nebo žádat posla pekla o život, slitování, menší krutost nebo cokoliv jiného. Duši obklopuje ječení ostatních duší, křik o milost a řinčení mučících nástrojů. Jakmile duše vidí posla pekla, zbledne jako stěna a ztichne jako pěna. Kromě toho ví, že se sama nedokáže osvobodit od utrpení, dokud nebude vhozena do hořícího jezera po velikém soudu u velkého bílého trůnu na konci věků (Zjevení 20:11). Ponurá realita pouze zvětšuje již existující bolest.

ii) Trest nafouknutí těla jako balónku

Každý, kdo má aspoň kousek svědomí, se cítí provinile, pokud zraní city někoho jiného. Nebo, bez ohledu na to, jak hodně někdo mohl nenávidět někoho jiného v minulosti, jestliže se život tohoto nenáviděného člověka nyní ocitl v bídě, vynoří se alespoň na chvíli pocit lítosti, zatímco pocit nenávisti se zmenší.

Nicméně, pokud bylo něčí svědomí sežehnuto jako rozpáleným železem, člověk je naprosto netečný k mukám druhých a aby dosáhl svých vlastních cílů, bude nejspíš ochoten spáchat i ty nejohavnější zvěrstva.

Lidé, se kterými se jedná jako s odpadem a smetím

Během druhé světové války v Německu pod nacistickou diktaturou používaly Japonsko, Itálie a další země bezpočet živých lidí jako předměty v ohavných a tajných experimentech; tito lidé v podstatě nahradili krysy, králíky a jiná běžně používaná zvířata.

Například, aby se zjistilo, jak bude reagovat zdravý jedinec, jak dlouho vydrží proti různě zákeřným chemickým látkám a jaký druh příznaků provází různé nemoci, transplantovaly se mu rakovinné buňky a jiné viry. K získání co nejpřesnějších informací byl často rozříznut a otevřen žaludek nebo lebka živé osoby. Aby se zjistilo, jak průměrný člověk reaguje na extrémní chlad nebo teplo, rychle se snížila teplota v místnosti nebo se náhle zvýšila teplota v nádobě s vodou, ve které byli uvězněni živí lidé.

Potom, co tyto „předměty“ posloužily těmto účelům, byli tito lidé často ponecháni napospas tomu, aby v mukách zemřeli. Ceně lidského života nebo mukám těchto „předmětů“ nebyla věnována žádná pozornost.

Jak kruté a příšerné to muselo být pro mnoho válečných vězňů nebo pro jiné bezmocné jedince, kteří se stali těmito neblaze proslulými „předměty," sledovali, jak se jim po kouskách odřezávají části těla, jak byla proti jejich vůli jejich těla infikována různými smrtícími buňkami a látkami a doslova sledovali sami sebe, jak umírají?

Duše v dolním podsvětí nicméně čelí ještě krutějším metodám potrestání, než je jakýkoliv experiment na živém těle, který kdy člověk vymyslel. Jako muži a ženy, kteří byli stvořeni k Božímu obrazu a podobě, ale také jako ti, kteří ztratili svou důstojnost a cenu, se s těmito dušemi v dolním podsvětí zachází jako s likvidovaným odpadem nebo smetím.

Tak jako my nelitujeme odpadky, nelitují a nemají slitování poslové pekla s těmito dušemi. Poslové pekla se necítí provinile ani s nimi nemají soucit a žádný trest pro ně nepovažují za dostatečný.

Tříštění kostí a praskání kůže

Proto poslové pekla vidí tyto duše jenom jako hračky. Nafukují těla duší a kopou si s nimi.

Je těžké si představit tuto podívanou: Jak může být dlouhé a rovné tělo lidské bytosti nafouknuto jako balónek? Co se stane s orgány v něm?

Když jsou vnitřní orgány a plíce nafouknuty, žebra a páteř chránící tyto orgány se jedny po druhém a část po části roztříští. Vrcholem všeho je ustavičná, nesnesitelná bolest z napjaté kůže.

Poslové pekla si v dolním podsvětí s těmito nafouknutými těly nespasených duší hrají a když je to začne nudit, ostrými vidlemi prasknou břicho těchto duší. Stejně jako se jednou nafouknutý balónek roztrhá na kousky, když praskne, jejich krev a části kůže se rozcupují do všech směrů.

Za chvíli jsou však těla těchto duší zcela obnovena a umístěna znovu na výchozí místo trestu. Jak je to kruté? Když žily na této zemi, byly tyto duše druhými milovány, užívaly si svého společenského postavení nebo alespoň mohly uplatňovat nárok na základní lidská práva.

Jakmile se ale dostaly do dolního podsvětí, nemohou uplatňovat žádná práva a zachází se s nimi jenom jako se štěrkem na zemi; jejich existence nemá žádnou cenu.

Kazatel 12:13-14 nám připomíná následující:

> *Závěr všeho, co jsi slyšel: Boha se boj a jeho přikázání zachovávej; na tom u člověka všechno závisí. Veškeré dílo Bůh postaví před soud, i vše, co je utajeno, ať dobré či zlé.*

Jako takové byly tyto duše podle Božího soudu degradovány na pouhé hračky, se kterými si hrají poslové pekla.

Proto si musíme být vědomi toho, že jestliže selžeme v konání veškeré povinnosti člověka, kterou je bát se Boha a zachovávat všechna jeho přikázání, nebude nás Bůh déle považovat za vzácné duše nesoucí Boží obraz a podobu, ale namísto toho se staneme předmětem nejkrutějšího trestu v dolním podsvětí.

5. Potrestání Pontia Piláta

V době Ježíšovy smrti byl Pontius Pilát římským správcem v oblasti Judea, v dnešní Palestině. Ode dne, kdy vstoupil do dolního podsvětí, mu byl udělen trest třetí úrovně, což znamená bičování. Z jakých konkrétních důvodů je Pontius Pilát mučen?

Navzdory tomu, že věděl o Ježíšově počestnosti

Neboť byl Pilát správcem Judeje, bylo k ukřižování Ježíše zapotřebí jeho povolení. Jako římský místokrál měl Pilát na zodpovědnost celou oblast Judeje a měl na různých místech po celé oblasti mnoho špehů, kteří pro něj pracovali. A tak Pilát velmi dobře věděl o množství zázraků, které Ježíš učinil, o jeho poselství lásky, o jeho uzdravování nemocných, jeho kázání o Bohu a podobně, protože Ježíš kázal evangelium po celém kraji, který on i Pilát obývali. Kromě toho ze zpráv, které mu jeho špehové podávali, Pilát považoval Ježíše za dobrého a nevinného muže.

Navíc, protože Pilát si byl vědom toho, že Židé ze žárlivosti zoufale toužili po tom Ježíše zabít, vynaložil veškeré úsilí k tomu, aby ho osvobodil. Nicméně, protože Pilát byl rovněž přesvědčen, že pokud nebude věnovat pozornost Židům, může dojít k vážným sociálním nepokojům v jeho provincii, rozhodl se vyhovět žádosti Židů a vydal Ježíše k ukřižování. Jestliže by propukly nepokoje během jeho jurisdikce, velká zodpovědnost by jistě ohrozila Pilátův vlastní život.

Nakonec Pilátovo zbabělé svědomí rozhodlo o jeho místě po smrti. Způsob, jakým římští vojáci bičovali Ježíše na Pilátův rozkaz před jeho ukřižováním, Piláta odsoudilo ke stejnému trestu: nekonečnému bičování prováděnému posly pekla.

Pilát bičovaný pokaždé, když se vysloví jeho jméno

Ježíš byl bičován takto. Bič se skládal z železných kousků nebo kostí umístěných na konci dlouhého koženého řemene. Při každém úderu bič obtočil Ježíšovo tělo a kosti a železné kousky na konci něj probodly jeho tělo. Při trhnutí bylo z ran, které bič zasáhl, sedřeno maso a bič za sebou zanechal velké a hluboké rány.

Podobně, kdykoliv lidé na tomto světě vysloví jeho jméno, poslové pekla šlehnou Piláta v dolním podsvětí bičem. Během každé bohoslužby mnoho křesťanů odříkává apoštolské vyznání víry. Kdykoliv se vysloví část „trpěl pod Pontiem Pilátem," je Pilát šlehnut bičem. Když stovky a tisíce lidí vyslovují jeho jméno společně ve stejnou dobu, tempo, kterým je bičován a síla každého šlehnutí dramaticky vzrostou. Tu a tam se okolo Piláta shromáždí i další poslové pekla, aby si navzájem pomohli při jeho bičování.

Ačkoliv je Pilátovo tělo roztrháno na kusy a pokryto krví, poslové pekla ho šlehají, jakoby proti sobě navzájem bojovali. Bičování trhá Pilátovo maso, odhaluje jeho kosti a vyrývá z nich dřeň.

Trvalé vyjmutí jazyka

Zatímco je mučen, Pilát neustále křičí: „Prosím, nevyslovujte mé jméno! Pokaždé, když je vyslovíte, hrozně trpím." Z jeho úst však nelze slyšet žádný zvuk. Jeho jazyk byl vyříznut, protože tímto jazykem odsoudil Ježíše k ukřižování. Když trpíte bolestí, trochu pomáhá, když můžete nahlas křičet a ječet. Pilát nemůže využít ani této možnosti.

S Pilátem je to jiné než s ostatními lidmi. U ostatních odsouzených duší v dolním podsvětí platí, že když jsou různé části těla sedřeny, uříznuty nebo spáleny, samy se obnoví. Pilátův jazyk však byl natrvalo vyjmut jako symbol prokletí. Třebaže Pilát naléhavě žádá lidi, aby nevyslovovali jeho jméno, bude jeho jméno vyslovováno až do dne soudu. Čím více lidé jeho jméno vyslovují, tím intenzivnější je jeho utrpení.

Pilát se dopustil hříchu úmyslně

Když Pilát předal Ježíše k ukřižování, omyl si ruce před očima zástupu a pravil: *„Já nejsem vinen krví tohoto člověka; je to vaše věc"* (Matouš 27:24). Židé, nyní ještě zoufalejší než kdykoliv předtím, aby mohli Ježíše zabít, odpověděli Pilátovi: *„Krev jeho na nás a naše děti!"* (Matouš 27:25)

Co se stalo s Židy potom, co byl Ježíš ukřižován? Byli povražděni, když bylo město Jeruzalém dobyto a zničeno římským generálem Titem v roce 70 po Kristu. Od té doby jsou rozprášeni po celém světě a utlačováni v cizích zemích. Během druhé světové války byli násilně přemístěni do početných koncentračních táborů v Evropě, kde bylo více než šest miliónů Židů udušeno v plynových komorách nebo jinak brutálně povražděno. V průběhu prvních pěti dekád své moderní státní suverenity po vyhlášení nezávislosti v roce 1948 stát Izrael neustále čelil hrozbám, nenávisti a ozbrojené opozici od svých sousedů na Středním východě.

Třebaže Židé obdrželi odplatu na svou žádost: „Krev jeho na nás a naše děti!“ neznamená to, že trest pro Pontia Piláta byl jakýmkoliv způsobem snížen. Pilát se hříchu dopustil úmyslně. Měl spoustu příležitostí tento hřích nespáchat, ale on to udělal. Dokonce i jeho žena potom, co byla varována ve snu, nabádala Piláta k tomu, aby Ježíše nedal zabít. Pilát však ignoroval své vlastní svědomí i radu své manželky a odsoudil Ježíše k ukřižování. V důsledku toho musí v dolním podsvětí podstupovat trest třetí úrovně.

I v dnešní době se lidé dopouštějí zločinů, třebaže jsou si vědomi toho, že jde o zločiny. Kvůli svému vlastnímu prospěchu odhalují tajemství druhých někomu jinému. V dolním podsvětí jsou tresty třetí úrovně uloženy těm, kdo intrikují proti druhým, vydávají falešná svědectví, šíří pomluvy, vytvářejí frakce nebo gangy, které vraždí nebo mučí, jednají zbaběle, zrazují druhé v dobách nebezpečí nebo bolesti a podobně.

Bůh bude zkoumat každý skutek

Zrovna jako Pilát vložil Ježíšovu krev do rukou Židů tím, že si omyl ruce, někteří lidé dávají vinu za konkrétní situaci nebo podmínky jiným lidem. Zodpovědnost za hříchy však spočívá na nich samotných. Každý jedinec má svobodnou vůli a má nejenom právo činit rozhodnutí, ale bude rovněž za svá rozhodnutí shledán zodpovědným. Svobodná vůle nám umožňuje rozhodnout se mezi tím, zda uvěříme nebo neuvěříme v Ježíše jako svého osobního Spasitele, zda budeme nebo nebudeme dodržovat Hospodinův svatý den odpočinku, zda dáme nebo nedáme celý desátek Bohu a podobně. Výsledek našeho rozhodnutí se však odhalí buď skrze věčné štěstí v nebi nebo věčný trest v pekle.

Navíc důsledek jakéhokoliv rozhodnutí, které jste kdy učinili, si ponesete sami, takže z něj nemůžete vinit nikoho jiného. Proto nemůžete říkat věci jako: „Odešel jsem od Boha kvůli pronásledování ze strany svých rodičů" nebo „Nemohl jsem dodržovat Hospodinův svatý den odpočinku nebo dávat celý desátek Bohu kvůli své manželce." Jestliže někdo jednou uvěřil, určitě by se měl bát Boha a dodržovat všechna jeho přikázání.

Pilát, jehož jazyk byl vyříznut kvůli jeho vlastním zbabělým slovům, je nyní při neustálém bičování v dolním podsvětí zkroušený a lituje toho. Po smrti však pro Piláta neexistuje další šance.

Ti, kdo jsou naživu ale stále šanci mají. Rozhodně byste neměli váhat a měli byste být bohabojní a dodržovat Boží přikázání. Izajáš 55:6-7 nám říká: *„Dotazujte se Hospodina, dokud je možno ho najít, volejte ho, dokud je blízko. Svévolník ať opustí svou cestu, muž propadlý ničemnostem svoje úmysly; nechť se vrátí k Hospodinu, slituje se nad ním, k Bohu našemu, vždyť odpouštím mnoho."* Protože Bůh je láska, umožňuje nám dozvědět se, co se odehrává v pekle, zatímco jsme stále naživu.

Dělá to proto, aby probudil co nejvíce lidí z jejich duchovní dřímoty a zmocnil nás a povzbudil nás k tomu, abychom šířili dobrou zprávu dalším lidem, aby i oni mohli žít pod jeho milostí a slitováním.

6. Potrestání Saula, prvního izraelského krále

Jeremjáš 29:11 nám říká: „*Neboť to, co s vámi zamýšlím, znám jen já sám, je výrok Hospodinův, jsou to myšlenky o pokoji, nikoli o zlu: chci vám dát naději do budoucnosti.*“ Tato slova patřila Židům, když byli ve vyhnanství v Babylóně. Verš prorokuje Boží odpuštění a milost, které budou uděleny jeho lidu, zatímco je ve vyhnanství kvůli svým hříchům proti Bohu.

Ze stejného důvodu Bůh vyhlašuje poselství o pekle. Nečiní tak proto, aby zatratil nevěřící a hříšníky, ale aby vykoupil všechny ty, kdo nesou těžká břemena jako otroci nepřítele satana a ďábla a aby zabránil tomu, aby se lidé stvoření k jeho obrazu dostali do tohoto nešťastného místa.

A tak namísto toho, abychom měli strach z těchto žalostných podmínek v pekle, všechno, co musíme nyní udělat, je porozumět nesmírné Boží lásce a pokud jste nevěřící, přijmout nyní Ježíše Krista jako svého osobního Spasitele. Jestliže jste nežili podle Božího slova, třebaže jste prohlašovali svou víru v Boha, obraťte se a učiňte to, co vám Bůh říká.

Saul setrvával v neposlušnosti Bohu

Když Saul vystoupil na trůn, velmi se pokořil. Brzy se však stal příliš domýšlivým na to, aby zachovával Boží slovo. Upadl na scestí, byl opuštěn a nakonec Bůh od Saula odvrátil svou tvář. Když zhřešíte proti Bohu, musíte změnit svůj postoj a neodkladně činit pokání. Neměli byste se pokoušet si hřích omluvit nebo svůj hřích skrýt. Až potom Bůh vyslyší vaši kajícnou modlitbu a otevře vám cestu k odpuštění.

Když se Saul dozvěděl, že Bůh pomazal Davida, aby jej jako krále nahradil, postihl svého následníka odplatou a po zbytek svého života se ho snažil zabít. Saul dokonce zabil Boží kněze za to, že Davidovi pomáhali (1 Samuelova 22:18). Takové skutky znamenaly to samé jako postavit se Bohu tváří v tvář.

Takto král Saul setrvával v neposlušnosti a kupil své špatné skutky, ale Bůh Saula nezničil hned. Třebaže Saul šel velmi dlouhou dobu po Davidovi a byl rozhodnutý ho zabít, Bůh nechával Saula naživu.

To sloužilo dvěma účelům. Za prvé, Božím záměrem bylo utvořit z Davida svou velikou nádobu a krále. Za druhé, Bůh dal Saulovi dostatek času a příležitostí, aby činil ze svých provinění pokání.

Pokud by nás Bůh zabil hned, když bychom se dopustili hříchu natolik závažného, abychom za něj byli usmrceni, nikdo z nás by nepřežil. Bůh bude odpouštět, čekat a čekat, ale když se k němu někdo neobrátí, Bůh se poohlédne jinde. Saul však nedokázal porozumět Božímu srdci a uskutečňoval touhy svého těla. Nakonec byl Saul smrtelně zraněn lukostřelci, a pak se zabil svým vlastním mečem (1 Samuelova 31:3-4).

Saulovo tělo visí ve vzduchu

Jak je domýšlivý Saul potrestán? Visí ve vzduchu a jeho břicho probodává ostré kopí. Ostří kopí je hustě poseto předměty, které se podobají ostrým špendlíkům a mají hrany jako meče.

Viset takhle ve vzduchu je samo o sobě velmi bolestivé. Ještě mučivější je viset ve vzduchu, zatímco vám břicho probodává kopí a vaše váha pouze zvyšuje vaši bolest. Kopí trhá probodané břicho svými ostrými hranami a špendlíky. Jak se servává kůže, odhalují se svaly, kosti a vnitřnosti.

Když se tu a tam přiblíží k Saulovi posel pekla a otočí kopím, všechny ostré hrany a špendlíky ještě více roztrhávají jeho tělo. Při otáčení kopí se Saulovi protrhávají plíce, srdce, žaludek a střeva.

Chvíli potom, co Saul vytrpí toto hrozné mučení a jeho vnitřnosti jsou rozcupovány na kousky, se všechny jeho vnitřní orgány plně obnoví. Jakmile jsou plně obnoveny, posel pekla se k Saulovi znovu přiblíží a proces se opakuje. Zatímco Saul trpí, přemítá nad všemi chvílemi a příležitostmi k pokání, které ve svém životě ignoroval.

Proč jsem neuposlechl Boží vůli?
Proč jsem proti Bohu bojoval?
Měl jsem věnovat pozornost
výtkám proroka Samuela!
Měl jsem činit pokání,

když mě můj syn Jónatan prosil v slzách!
Kéž bych nebyl k Davidovi tak zlý,
můj trest mohl být lehčí...

Pro Saula je marné si dělat jakékoliv výčitky nebo se kát až potom, co se ocitl v pekle. Viset ve vzduchu s kopím probodávajícím břicho je nesnesitelné, ale když se k Saulovi přibližuje posel pekla, aby začal další kolo mučení, Saula přemáhá strach. Bolest, kterou snášel jen před několika momenty, je pro něj pořád skutečná a živá a on se při myšlence na to, co má následovat, téměř dusí.

Saul může naléhavě žádat: „Prosím, nechej mě na pokoji!" nebo „Prosím, zastav to mučení!" ale vše je zbytečné. Čím vystrašenější je Saul, tím větší potěšení zažívá posel pekla. Znovu a znovu otáčí kopím a utrpení z toho, jak se trhá jeho tělo, se pro Saula ustavičně opakuje.

Domýšlivost je hybnou silou zkázy

Následující případ je v dnešních církvích zcela běžný. Nový věřící nejprve dostane Ducha svatého a je jím naplněn. Nějakou dobu horlivě slouží Bohu a jeho služebníkům. Tento věřící však začne neposlouchat Boží vůli, svou církev a Boží služebníky v ní. Pokud to jde, začne soudit a odsuzovat ostatní Božím slovem, které slyšel. Rovněž se velmi pravděpodobně stane domýšlivým ve svých skutcích.

První láska, kterou sdílel s Pánem, časem postupně slábne a jeho naděje – jednou být v nebi – je nyní u věcí tohoto světa – u věcí, které jednou opustil. Dokonce i v církvi nyní chce, aby mu druzí sloužili, začne dychtit po penězích a po moci a oddává se touhám těla.

Když byl chudý, možná se modlil: „Bože, požehnej mi a rozmnož můj majetek!“ Co se stane, jakmile obdrží toto požehnání? Namísto toho, aby požehnání používal k tomu, aby pomáhal chudým, misionářům a používal ho ke konání Božích skutků, plýtvá nyní Božím požehnáním při honbě za potěšením tohoto světa.

Kvůli tomu Duch svatý uvnitř tohoto věřícího naříká; jeho duch čelí mnoha zkouškám a obtížím; a na cestě může být i trest. Jestliže pokračuje v hřešení, jeho svědomí se otupí. Může se stát neschopným rozpoznat Boží vůli od chtivosti svého srdce a často se honí za tím druhým.

Tu a tam žárlí na Boží služebníky, které členové jeho církve obdivují a milují. Může je křivě obvinit a překážet jim v jejich službě. Vytváří ve své církvi frakce pro svůj vlastní prospěch, čímž ničí církev, ve které přebývá Kristus.

Takový člověk se nepřestane stavět proti Bohu a stane se nástrojem nepřítele satana a ďábla a nakonec se podobá Saulovi.

Bůh se staví proti pyšným, ale pokorným dává milost

V 1 Petrově 5:5 čteme: „*Stejně se i vy mladší podřizujte starším. Všichni se oblecte v pokoru jeden vůči druhému, neboť ‚Bůh se staví proti pyšným, ale pokorným dává milost.*‘“ Pyšní soudí poselství kázané vepředu, jakmile ho uslyší. Přijímají to, s čím souhlasí svými vlastními myšlenkami, ale odmítají to, s čím nesouhlasí. Většina lidských myšlenek se ale od těch Božích liší. Nemůžete říct, že věříte v Boha a milujete ho, pokud přijímáte pouze věci, které se shodují s vašimi vlastními myšlenkami.

1 Janův 2:15 nám říká: „*Nemilujte svět ani to, co je ve světě. Miluje-li kdo svět, láska Otcova v něm není.*" A tak, jestliže Otcova láska s tímto jedincem není, nemá společenství s Bohem. Proto, říkáte-li, že s ním máte společenství, a přitom chodíte ve tmě, lžete a nežijete podle pravdy (1 Janův 1:6).

Měli byste být vždy obezřetní a neustále se zkoumat, abyste viděli, zda se stáváte domýšlivými, zda toužíte po tom, aby vám druzí sloužili namísto toho, abyste sloužili vy jim a zda se láska k tomuto světu vplížila do vašeho srdce.

7. Tresty čtvrté úrovně – trest pro Jidáše Iškariotského

Viděli jsme, že tresty první, druhé a třetí úrovně v dolním podsvětí jsou všechny tak žalostné a kruté, že to přesahuje všechny naše představy. Prozkoumali jsme rovněž množství důvodů, z jakých tyto duše dostávají tak kruté tresty.

Nyní se hlouběji ponořme do nejstrašnějšího potrestání ze všech, které se v dolním podsvětí odehrávají. Jaké jsou příklady trestů čtvrté úrovně a jakého zla se tyto duše dopustily, že si takovéto potrestání zaslouží?

Spáchání neodpustitelného hříchu

Bible nám říká, že některé hříchy vám mohou být odpuštěny skrze pokání, zatímco existují hříchy, které vám nemohou být odpuštěny a které vedou ke smrti (Matouš 12:31-32; Židům 6:4-6; 1 Janův 5:16). Lidé, kteří se rouhají proti Duchu svatému a dopouštějí se podobných hříchů vztahujících se na tuto kategorii hříchů, se hříchů dopouštějí záměrně, i když znají pravdu a propadnou do nejhlubší části dolního podsvětí.

Například často vidíme lidi, kteří byli díky Boží milosti uzdraveni nebo byly vyřešeny jejich problémy. Zprvu nadšeně pracují pro Boha a Boží církev. Občas však vidíme, jak je svět uvádí do pokušení a nakonec se k Bohu obrátí zády.

Znovu se oddávají potěšením tohoto světa, tentokrát to ale dělají mnohem více než předtím. Vystavují jednotlivé církve posměchu a urážejí ostatní křesťany a Boží služebníky. Častokrát jsou církve, které veřejně prohlašují svou víru v Boha, prvními, které soudí a označují církve nebo pastory za „heretické" na základě svého vlastního pohledu a úvahy. Když vidí církevní shromáždění naplněné Duchem svatým a konání Božích zázraků skrze Boží služebníky, jednoduše proto, že nejsou schopni to pochopit, rychle odsoudí celé shromáždění za „heretické" nebo považují dílo Ducha svatého za práci satana.

Zradili Boha a nemohou obdržet ducha pokání. Jinými slovy, takoví lidé nebudou moci činit pokání ze svých hříchů. A tak tito „křesťané" po smrti dostanou těžší trest než ti, kdo neuvěřili v Ježíše Krista jako svého osobního Spasitele a skončili v dolním podsvětí.

2 Petrův 2:20-21 nám říká: „*Jestliže tedy ti, kdo poznáním Pána a Spasitele Ježíše Krista unikli poskvrnám světa, znovu se do nich zapletou a podlehnou jim, budou jejich konce horší než začátky. Bylo by pro ně lépe, kdyby vůbec nebyli poznali cestu spravedlnosti, než aby se po jejím poznání odvrátili od svatého přikázání, které jim bylo svěřeno.*" Tito lidé neuposlechli Boží slovo a zpochybnili Boha, třebaže Slovo znali a kvůli tomu obdrží tresty daleko větší a těžší než ti, kdo neuvěřili.

Lidé s označeným svědomím

Duše, kterým budou uloženy tresty čtvrté úrovně, se nejenom dopustily neodpustitelných hříchů, ale rovněž bylo označeno jejich svědomí. Někteří z těchto lidí se zcela stali otroky nepřítele satana a ďábla, postavili se proti Bohu a tvrdě odporovali Duchu svatému. Je to, jako by osobně ukřižovali Ježíše na kříži.

Náš Spasitel Ježíš byl ukřižován za odpuštění našich hříchů a osvobození člověka od kletby věčné smrti. Jeho vzácná krev vykoupila všechny ty, kdo v něj uvěřili. Kletba uvržená na lidi podléhající trestům čtvrté úrovně však tyto lidi činí nezpůsobilými získat spasení i skrze krev Ježíše Krista. Z tohoto důvodu byli odsouzeni k ukřižování na svých vlastních křížích a dostalo se jim jejich vlastního potrestání v dolním podsvětí.

Nejlepším příkladem je Jidáš Iškariotský, jeden z Ježíšových dvanácti učedníků a snad nejznámější zrádce v historii lidstva. Jidáš spatřil na vlastní oči Božího syna, který přišel v těle. Stal se jedním z Ježíšových učedníků, učil se Slovo a byl svědkem zázračných skutků a znamení. Jidáš však nikdy nedokázal odhodit svoji chamtivost a až do konce hřešil. Nakonec byl naveden satanem a prodal svého učitele za třicet stříbrných.

Nezáleží na tom, jak moc se chtěl Jidáš Iškariotský kát

Kdo nese podle vás větší vinu: Pontius Pilát, který odsoudil Ježíše k ukřižování nebo Jidáš Iškariotský, který prodal Ježíše Židům? Ježíšova odpověď na jednu z Pilátových otázek nám dává jasnou odpověď:

> *„Neměl bys nade mnou žádnou moc, kdyby ti nebyla dána shůry. Proto ten, kdo mě tobě vydal, má větší vinu"* (Jan 19:11).

Hřích, který spáchal Jidáš, je skutečně větším hříchem, jedním z těch, který mu nemůže být odpuštěn a kvůli kterému nemůže dostat ducha pokání. Když si Jidáš uvědomil velikost svého hříchu, litoval toho a vrátil peníze, ale nikdy mu nebyl dán duch pokání.

Nakonec, neschopen překonat břemeno svého hříchu, spáchal ve své sklíčenosti sebevraždu. Skutky 1:18 nám říkají, že Jidáš *„se střemhlav zřítil, jeho tělo se roztrhlo a všechny vnitřnosti vyhřezly,"* čímž je popsán jeho bídný konec.

Jidáš pověšen na kříž

Jaký trest v dolním podsvětí je uložen Jidáši Iškariotskému? Jidáš je v popředí nejhlubší části dolního podsvětí pověšen na kříž. Současně s Jidášem a jeho křížem v popředí jsou postaveny do řady kříže těch, kteří vážně odporovali Bohu. Scéna se podobá masovému hrobu nebo hřbitovu po totální válce nebo jatkám plným mrtvého dobytka.

Ukřižování je jedním z nejkrutějších trestů i na tomto světě. Používání trestu ukřižování slouží jako odstrašující příklad stejně jako varování všem zločincům i potenciálním zločincům před jejich možnou budoucností. Každý, kdo po mnoho hodin visí na kříži, což představuje muka větší než samotná smrt – během nichž se části těla trhají na kusy, hmyz okousává tělo a všechna krev vytéká z těla – úzkostlivě touží co nejrychleji vydechnout naposledy.

Na tomto světě trvá bolest z ukřižování nanejvýš půlku dne. V dolním podsvětí, kde je mučení nekonečné a není zde žádná smrt, však bude tragédie z trestu ukřižování pokračovat až do dne soudu.

Kromě toho má na sobě Jidáš trnovou korunu, která neustále roste a trhá mu kůži, probodává lebku a proniká do mozku. Pod jeho nohama je navíc něco jako svíjející se zvířata. Bližší pohled ukazuje, že to jsou jiné duše, které skončily v dolním podsvětí a i ty Jidáše mučí. Na tomto světě se rovněž stavěly proti Bohu a kupily zlo na zlo, zatímco jejich svědomí bylo označeno. Tyto duše jsou rovněž potrestány krutými tresty a mučením a čím těžší mučení podstupují, tím zuřivější jsou. Na oplátku, aby si vylily svůj vztek a bolest, neustále bodají Jidáše vidlemi.

Potom se poslové pekla vysmívají Jidáši a říkají: „To je ten, který prodal Mesiáše! Udělal pro nás dobrou věc! Gratulujeme! To je ale legrace!“

Veliké psychické mučení za to, že prodal Božího Syna

V dolním podsvětí musí Jidáš Iškariotský snášet nejenom fyzické mučení, ale rovněž nesnesitelné psychické mučení. Navždy si bude pamatovat, že byl proklet, protože prodal Božího Syna. Kromě toho, protože se jméno „Jidáš Iškariotský" stalo synonymem pro zradu i na tomto světě, jeho psychické mučení se ještě zvětšilo.

Ježíš věděl předem, že ho Jidáš zradí a co se s Jidášem stane po smrti. Proto se Ježíš pokoušel Slovem získat Jidáše zpět na svou stranu, ale také věděl, že Jidáše zpět nezíská. A tak v Markovi 14:21 nacházíme Ježíše, jak běduje: *„Syn člověka odchází, jak je o něm psáno, ale běda tomu, který Syna člověka zrazuje. Pro toho by bylo lépe, kdyby se byl vůbec nenarodil."*

Jinými slovy, jestliže jednotlivec obdrží trest první úrovně, což je nejlehčí trest, bylo by pro něj lépe, kdyby se byl vůbec nenarodil, protože bolest je veliká a strašná. A co Jidáš? Ten bude potrestán nejtěžším trestem!

Abychom nepropadli peklu

Kdo se tedy bojí Boha a dodržuje jeho přikázání? Je to ten, kdo vždy dodržuje Hospodinův svatý den odpočinku a dává Bohu celý desátek – to jsou dva základní elementy života v Kristu.

Dodržování Hospodinova svatého dne odpočinku symbolizuje vaše uznání Boží svrchovanosti nad duchovním světem. Dodržování Hospodinova svatého dne odpočinku slouží jako znamení, které vás identifikuje jako Boží dítě a odlišuje vás.

Jestliže však nedodržujete Hospodinův svatý den odpočinku, bez ohledu na to, jak moc vyznáváte svou víru v Boha Otce, neexistuje duchovní ověření vaší bytosti jako Božího dítěte. V takovém případě nemáte jinou možnost než jít do pekla.

To, že Bohu dáváte celý desátek, znamená, že uznáváte Boží svrchovanost nad majetkem. Rovněž to znamená, že uznáváte a chápete Boží výhradní vlastnictví celého vesmíru. Podle Malachiáše 3:9 byli Izraelité stiženi kletbou potom, co „okrádali [Boha]." On stvořil celý vesmír a dal vám život. Dává nám sluneční světlo a dešťové srážky, abychom mohli žít, energii, abychom mohli pracovat a ochranu, aby střežil naši denní práci. Bůh vlastní všechno, co máte. A tak, třebaže všechny naše příjmy vskutku patří Bohu, dovoluje nám mu dávat pouze desetinu ze všeho, co vyděláme a zbytek použít ke svému prospěchu. HOSPODIN zástupů říká v Malachiáši 3:10: „*Přinášejte do mých skladů úplné desátky. Až bude ta potrava v mém domě, pak to se mnou zkuste, praví Hospodin zástupů: Neotevřu vám snad nebeské průduchy a nevyleji na vás požehnání? A bude po nedostatku.*" Na tak dlouho, jak mu zůstáváme věrní ohledně desátků, Bůh, jak slíbil, otevře nebeské průduchy a vyleje na nás tolik požehnání, že na něj nebudeme mít dostatek místa. Pokud však nedáváte Bohu celý desátek, znamená to, že nevěříte v jeho příslib požehnání, postrádáte víru nutnou ke spasení a protože jste okrádali Boha, nezbývá pro vás žádné jiné místo kam jít než peklo.

Proto musíme vždy dodržovat Hospodinův svatý den odpočinku, dávat celý desátek tomu, komu patří všechno a dodržovat všechna jeho přikázání předepsaná ve všech šedesáti šesti knihách Bible. Modlím se za to, aby žádný ze čtenářů této knihy neskončil v pekle.

V této kapitole jsme se zabývali různými druhy trestů – rozdělených z velké části do čtyř úrovní – které jsou uloženy odsouzeným duším uvězněným v dolním podsvětí. Jak kruté, strašlivé a ubohé je to místo?

2 Petrův 2:9-10 nám říká: „*Pán však dovede vytrhnout zbožné ze zkoušky, ale nespravedlivé uchovat pro trest v den soudu; a to především ty, kdo se svévolně ženou za poskvrňujícími vášněmi a pohrdají každou autoritou. Jsou to drzí opovážlivci; nechvějí se před nadpozemskými mocnostmi a rouhají se jim.*“

Zlí lidé páchající hříchy a konající zlo, kteří zasahují nebo narušují dílo církve, se nebojí Boha. Takoví lidé, kteří se bezostyšně staví proti Bohu, nemohou a neměli by hledat nebo očekávat, že dostanou od Boha pomoc v dobách, kdy je postihne neštěstí a zkoušky. Než proběhne soud u velkého bílého trůnu, budou uvězněni v hloubkách dolního podsvětí a obdrží trest v souladu s druhem a velikostí zlých skutků, kterých se dopustili.

Ti, kdo vedou dobré, spravedlivé a obětavé životy, jsou ve víře vždy poslušní Bohu. A tak, i když zemi naplnila zlovůle člověka a Bůh musel otevřít nebeské propusti, vidíme, že pouze Noe a jeho rodina byli spaseni (Genesis 6-8).

Způsob, jakým se Noe bál Boha a zachovával jeho přikázání, čímž unikl soudu a dosáhl spasení, se musíme i my stát poslušnými Božími dětmi ve všem, co děláme, abychom se stali skutečnými Božími dětmi a dosáhli Boží prozíravosti.

Kapitola 6

Tresty za rouhání proti Duchu svatému

1. Utrpení v kotli s vařící tekutinou
2. Šplhání na kolmý sráz
3. Sežehnutí úst rozpáleným železem
4. Ohromně veliké mučící nástroje
5. Uvázání ke kmeni stromu

„Každému, kdo řekne slovo proti Synu člověka, bude odpuštěno. Avšak tomu, kdo se rouhá proti Duchu svatému, odpuštěno nebude.“
- Lukáš 12:10 -

„Kdo byli už jednou osvíceni a okusili nebeského daru, kdo se stali účastníky Ducha svatého a zakusili pravdivost Božího slova i moc budoucího věku, a pak odpadli, s těmi není možno znovu začínat a vést je k pokání, protože znovu křižují Božího Syna a uvádějí ho v posměch.“
- Židům 6:4-6 -

V Matoušovi 12:31-32 nám Ježíš říká: *„Proto pravím vám, že každý hřích i rouhání bude lidem odpuštěno, ale rouhání proti Duchu svatému nebude odpuštěno. I tomu, kdo by řekl slovo proti Synu člověka, bude odpuštěno; ale kdo by řekl slovo proti Duchu svatému, tomu nebude odpuštěno v tomto věku ani v budoucím.“*

Tato slova pronesl Ježíš k Židům, kteří ho kárali za kázání evangelia a konání skutků Boží moci, přičemž argumentovali, že je pod vlivem zlého ducha nebo že koná zázraky z moci nepřítele satana a ďábla.

I v dnešní době mnoho lidí, kteří hlásají svou víru v Krista, odsuzuje církve, které jsou naplněny mocnými skutky a divy Ducha svatého a označují je za „heretické“ nebo „dílo ďáblovo“ jednoduše proto, že nejsou schopni to pochopit nebo přijmout. Jak jinak se však může rozrůstat Boží království a šířit evangelium po celém světě než z moci a autority pocházející od Boha, což je práce Ducha svatého?

Odporovat práci Ducha svatého se neliší od odporování samotnému Bohu. Bůh potom neuzná ty, kdo odporují práci Ducha svatého, za své děti bez ohledu na to, jak moc se oni sami považují za „křesťany.“

A tak mějte ve své mysli, že pokud někdo i potom, co viděl a zakusil to, že Bůh přebývá se svými služebníky a že se dějí úžasná a zázračná znamení a události, pořád odsuzuje Boží služebníky a Boží církev za „heretickou,“ vážně tím překáží Duchu svatému a rouhá se proti němu a jediné místo, které je pro něj připraveno, jsou hloubky pekla.

Jestliže církev, pastor nebo jakýkoliv jiní Boží služebníci skutečně uznávají trojjediného Boha, věří v Bibli jako v Boží slovo a takto ji i vyučují, jsou si vědomi nastávajícího života buď v nebi nebo v pekle a také soudu a věří, že Bůh je nade vším svrchovaný a Ježíš je naším Spasitelem a takto o nich i vyučují, nikdo by neměl ani nemůže odsoudit a označit tuto církev, tohoto pastora a tyto Boží služebníky za „heretické."

V roce 1982 jsem založil církev Manmin Joong-ang Church a skrze práci Ducha svatého jsem zavedl mnoho duší na cestu spasení. Překvapivě byli mezi lidmi, kteří osobně zakusili práci živého Boha takoví, kteří ve skutečnosti odporovali Bohu aktivním bráněním cílům a práci církevní kongregace a šířením fám a lží o mě a církvi.

Přitom, jak mi Bůh do hloubky objasňoval utrpení a muka pekla, rovněž mi zjevil tresty, které čekají v dolním podsvětí na ty, kdo brání Duchu svatému, neposlouchají ho a rouhají se proti němu. Jaké tresty jim budou uloženy?

1. Utrpení v kotli s vařící tekutinou

Lituji a proklínám manželský slib,
který jsem dala svému manželovi.
Proč jsem na tomhle ubohém místě?
Oklamal mě a kvůli němu jsem tady!

Toto je nářek manželky, které byl v dolním podsvětí uložen trest čtvrté úrovně. Důvodem jejího bolestného sténání ozývajícího se po celé temnotě a popelavém prostoru je to, že ji její manžel oklamal, aby se postavila proti Bohu s ním.

Žena byla špatná, přesto se její srdce do určité míry bálo Boha. A tak žena nedokázala bránit Duchu svatému a bojovat proti Bohu sama. Nicméně, v souladu s žádostmi jejího těla bylo její svědomí spárováno se zlým svědomím jejího manžela a pár tak velmi odporoval Bohu a jeho skutkům.

Dvojice, která konala zlo společně, je nyní potrestána dohromady jako pár i v dolním podsvětí a bude trpět za všechny své zlé skutky. Jaké tresty si s sebou ponesou v dolním podsvětí?

Dvojice střídavě mučena jeden po druhém

Kotel je plný strašného zápachu a odsouzené duše jsou střídavě jedna po druhé ponořena do vařící tekutiny. Když dá posel pekla každou duši do kotle, vysoká teplota tekutiny jim způsobí puchýře po celém těle – nyní se podobajícím zádům ropuchy – a oční bulvy jim vyskočí z důlků.

Kdykoliv se zoufale snaží uniknout tomuto mučení a vystrčí hlavu z kotle, veliká noha šlápne na jejich hlavu a ponoří ji zpět. Podrážky těchto velikých bot poslů pekla jsou hustě posety maličkými železnými nebo mosaznými jehlicemi. Když na ně šlápne tato noha, duše jsou zatlačeny zpět do kotle s velikými šrámy a modřinami.

Po chvíli duše znovu vystrčí hlavu ven, protože nedokážou vystát pocit pálení. Hned poté, jako mnohokrát předtím, jsou zašlapávány a vtlačeny zpět do kotle. Kromě toho, protože se duše při tomto mučení střídají, pokud je manžel uvnitř kotle, manželka musí sledovat jeho muka a naopak.

Tento kotel je průhledný, takže vnitřek kotle je navenek viditelný. Nejprve, když manžel nebo manželka vidí svého milovaného, jak je mučen a týrán tak hrozným způsobem, ze vzájemné náklonnosti každý prosí o milost pro toho druhého:

Moje žena je uvnitř!
Prosím, vytáhněte ji!
Prosím, osvoboďte ji od bolesti.
Ne, ne, nešlapte po ní.
Prosím, vytáhněte ji, prosím!

Po nějakém čase však manželovy prosby ustávají. Potom, co byl několikrát potrestán tímto způsobem, uvědomil si, že zatímco jeho žena trpí, on si může oddechnout, a že když ona vyjde z kotle, je na řadě on, aby do něj vstoupil.

Vzájemné obviňování a proklínání

Manželské páry na tomto světě nebudou manželskými páry v nebi. Tento pár však v dolním podsvětí zůstane jako pár a bude potrestán společně. A tak, protože ví, že by se měli v podstupování trestu střídat, jejich prosby nyní přinášejí drasticky odlišné zabarvení.

Ne, ne, prosím nevytahujte ji.
Nechte ji tam o trochu déle.

Prosím nechte ji tam,
abych mohl déle odpočívat.

Manželka chce, aby její manžel nepřetržitě trpěl a manžel rovněž žádá, aby jeho manželka zůstala v kotli co nejdéle. Nicméně sledovat, jak ten druhý trpí, nedává tomu prvnímu čas odpočinout si. Kraťoučké přestávky však nekompenzují a nemohou vykompenzovat trvalé utrpení, obzvláště proto, že manžel ví, že po manželce je na řadě on. Kromě toho, když je jeden mučen a vidí a slyší toho druhého, jak žadoní o jeho delší trest, proklínají ti dva jeden druhého.

Zde si jasně uvědomujeme výsledek tělesné lásky. Realita tělesné lásky – a realita pekla – je taková, že když jeden trpí nesnesitelně velikým mučením, je snadno připraven k tomu, aby přál tomu druhému, aby byl mučen za něj.

Přitom, jak manželka lituje toho, že se postavila proti Bohu „kvůli svému manželovi," nedočkavě řekne svému manželovi: „Kvůli tobě jsem tady!" Na oplátku a hlasitějším hlasem manžel proklíná a obviňuje svou manželku, která ho podporovala a účastnila se jeho zlých skutků.

Čím více zla pár spáchá...

Poslové pekla v dolním podsvětí se velmi radují a těší z toho, jak se tito manželé navzájem proklínají a snažně posly pekla prosí za to, aby jejich protějšek déle a krutěji trestali.

Podívejte se, oni se proklínají i tady!

Jejich zlo nám působí ohromné potěšení!

Jakoby se dívali na nějaký zajímavý film, poslové pekla věnují páru náležitou pozornost a čas od času přiloží do ohně ještě více, aby si to jaksepatří užili. Čím více manžel a manželka trpí, tím více se navzájem proklínají a smích poslů pekla přirozeně sílí.

Musíme tu však jasně porozumět jedné věci. Když se lidé dopouštějí zla i v tomto životě, zlí duchové se z toho radují a těší je to. Zároveň, čím více zla lidé páchají, tím více se odcizují Bohu.

Když čelíte obtížím a uzavíráte se světem kompromisy, naříkáte, stěžujete si a zahořknete vůči konkrétním jednotlivcům nebo okolnostem, nepřítel ďábel k vám přibíhá a s radostí zvyšuje vaše obtíže a trápení.

Moudří lidé, kteří znají zákon duchovního světa, nebudou nikdy naříkat nebo si stěžovat, ale namísto toho za všech okolností vzdávají díky a s pozitivním přístupem vždy vyznávají svou víru v Boha, aby se ujistili, že jejich srdce je vždy zaměřeno na něj. Kromě toho, jestliže vás postihne zlo nebo zlý člověk, jak se říká v Římanům 12:21: „*Nedej se přemoci zlem, ale přemáhej zlo dobrem,*" musíte zlu vždy čelit dobrem a svěřit všechno Bohu.

Podobně, když následujete, co je dobré a kráčíte ve světle, získáváte moc a autoritu překonávat vliv zlých duchů. Potom vás nepřítel satan a ďábel nemůže mít za zodpovědné za zlo a všechny vaše obtíže mnohem rychleji zmizí. Bohu se líbí, když jeho děti jednají a žijí podle své dobré víry.

Za žádných okolností byste neměli vyzařovat zlo způsobem, jakým to chce náš nepřítel satan a ďábel, ale vždy byste měli přemýšlet v pravdě a jednat ve víře způsobem, který se líbí našemu Otci Bohu.

2. Šplhání na kolmý sráz

Ať jste Božím služebníkem, starším nebo pracovníkem v Boží církvi, pokud jste neobřezali své srdce, ale pokračujete v hřešení, pravděpodobně se jednoho dne stanete kořistí satana. Někteří lidé se odvrátí od Boha, protože milují svět. Jiní přestanou chodit do církve potom, co byli uvedeni do pokušení. Ještě další se staví proti Bohu tím, že brání plánům a posláním Boží církve, což je beznadějně ponechává na stezce smrti.

Případ, kdy celá rodina zradila Boha

Následuje příběh o rodině jednoho člověka, který kdysi věrně pracoval pro Boží církev. Tito lidé neobřezali svá srdce, která byla naplněna prchlivostí a chamtivostí. Proto ovládali ostatní členy církve a opakovaně se dopouštěli hříchů. Nakonec na ně sestoupil Boží trest, když byla otci rodiny diagnostikována vážná nemoc. Sešla se celá rodina a začali Bohu předkládat modlitby opravdového pokání stejně jako modlitby za jeho život.

Bůh jejich modlitby pokání přijal a otce uzdravil. Tehdy mi Bůh řekl něco zcela neočekávaného: „Povolám-li si jeho ducha nyní, možná obdrží alespoň ostudné spasení. Pokud ho nechám žít trochu déle, nezíská žádné spasení."

Nerozuměl jsem tomu, co tím Bůh myslel, ale o pár měsíců později, když jsem byl svědkem chování této rodiny, jsem to pochopil. Jeden člen rodiny byl věrným pracovníkem v naší církvi. Začal Boží církvi a Božímu království překážet tím, že vydával falešná svědectví proti církvi a konal mnoho jiných zlých skutků. Nakonec byla oklamána celá rodina a všichni se od Boha odvrátili.

Když dřívější pracovník v naší církvi bránil a vážně se rouhal proti Duchu svatému, zbytek rodiny se dopouštěl neodpustitelných hříchů a otec, který byl oživen skrze mou modlitbu, brzy potom zemřel. Kdyby byl otec býval zemřel, když měl v sobě ještě trochu víry, mohl by být spasen. On se však vzdal své víry a nezbyla mu žádná šance na spasení. Navíc každý člen této rodiny rovněž skončí v dolním podsvětí, kam odešel jejich otec a kde bude každý jeden z nich potrestán. Jaký jim bude uložen trest?

Šplhání na kolmý sráz bez odpočinku

V oblasti, kde je tato rodina potrestána, stojí kolmý sráz. Sráz ční tak vysoko, že jeho vrchol není zdola vidět. Vzduch je naplněn hrozivým vřískotem. V půli cesty tohoto útesu směrem vzhůru podstupují trest tři duše, které z dálky vypadají jako tři malé tečky.

Šplhají vzhůru na tento drsný a masivní útes holýma rukama a nohama. Jejich kůže se rychle odírá a odloupává, jako kdyby byly jejich ruce a nohy obrušovány smirkovým papírem. Jejich těla jsou zmáčená krví. Důvod, proč šplhají na tento zdánlivě nepřekonatelný útes je ten, aby se vyhnuli poslovi pekla, který létá nad touto oblastí.

Když tento posel pekla po tom, co chvíli sleduje tyto tři duše, jak šplhají nahoru na útes, zvedne ruce, je nad celou zemí podobně jako částečky vody, které vystříknou z rozprašovače, rozptýlen mrňavý hmyz, který vypadá přesně jako tento posel pekla. Tento hmyz ukazuje své ostré zuby v široce otevřených kusadlech a šplhá rychle nahoru na útes a pronásleduje duše.

Představte si, že když vejdete do svého domu, uvidíte, jak vaši podlahu přikrývají stovky stonožek, tarantulí nebo švábů o velikosti prstu. Rovněž si představte, jak všechen tento děsivý hmyz běží rovnou k vám, všechen najednou.

Jen samotný pohled na tento hmyz stačí k tomu, abyste se nadobro vyděsili. Pokud se na vás žene všechen tento hmyz najednou, může to být nejhorší moment ve vašem životě, přičemž vám tuhne krev v žilách. Může snad někdo popsat tak strašlivou scénu, kdy vám tento hmyz začne lézt po nohou a brzy po celém vašem těle?

V dolním podsvětí je však nemožné říct, zda jsou zde stovky nebo tisíce takovéhoto hmyzu. Duše pouze ví, že je zde nesmírné množství tohoto hmyzu a že oni tři jsou jeho kořistí.

Nespočet hmyzu se žene na tři duše

Potom, co tři duše uvidí tento hmyz na dně útesu, šplhají rychleji a rychleji vzhůru na útes. Zanedlouho jsou však tyto tři duše chyceny, přemoženy a padají dolů z útesu na zem, kde jsou ponechány napospas strašlivému hmyzu, který okousává všechny části jejich těla.

Přitom, jak hmyz okousává všechny části těl těchto duší, trpí duše tak velikou a nesnesitelnou bolestí, že křičí jako zvířata a bezmocně se svíjejí a kroutí směrem dopředu a dozadu. Snaží se ze sebe setřást hmyz a dělají to tak, že po sobě šlapou a tlačí se jeden na druhého, přičemž neustále kárají a proklínají jeden druhého. Vprostřed tohoto trýznění z jednoho vychází více zla než z toho druhého. Usilují pouze o svůj vlastní prospěch a pokračují ve vzájemném proklínání. Zdá se, že poslové pekla se z tohoto pohledu těší více, než z čehokoliv jiného, co kdy viděli.

Potom, když se posel pekla vznese nad oblastí, natáhne ruce a posbírá tento hmyz, který okamžitě zmizí. Tři duše nyní necítí okousávání hmyzu, ale nepřestávají šplhat na kolmý sráz. Velmi dobře si uvědomují, že poletující posel pekla brzy hmyz znovu vypustí. Ze všech sil pokračují ve šplhání na útes. V tomto děsivém tichu tři duše přemáhá hrozný strach z věcí, které mají přijít a snaží se vyšplhat na útes.

Bolest z ran, které utrží, zatímco šplhají, se rovněž nedá snadno pominout. Přesto, protože strach z hmyzu okousávajícího jejich těla na cucky je mnohem větší, tři duše přehlížejí svá těla pošpiněná krví a šplhají co nejrychleji dovedou. Jak žalostný je na ně pohled!

3. Sežehnutí úst rozpáleným železem

Přísloví 18:21 nám říká: „V moci jazyka je život i smrt, kdo ho rád používá, nají se jeho plodů." V Matoušovi 12:36-37 nám Ježíš říká: *„Pravím vám, že z každého planého slova, jež lidé promluví, budou skládat účty v den soudu. Neboť podle svých slov budeš ospravedlněn a podle svých slov odsouzen."* Tyto dvě pasáže nám říkají, že budeme Bohu za svá slova skládat účty a že nás podle nich bude soudit.

Na jednu stranu ti, kdo mluví dobrá slova pravdy, nesou dobré ovoce podle svých slov. Na druhou stranu ti, kdo pronášejí zlá slova bez víry, nesou špatné ovoce podle svých zlých slov, která svými zlými ústy vyslovili. Občas vidíme, jak mohou lehkomyslně vyslovená slova přinést nesnesitelně velikou bolest a muka.

Za každé slovo nastane odplata

Někteří věřící se kvůli pronásledování ze strany své rodiny modlí a říkají: „Jestliže má rodina bude činit pokání díky neštěstí, stojí to za to." Jakmile nepřítel satan a ďábel slyší tato slova, obžaluje tohoto člověka před Bohem a řekne: „Slova tohoto člověka by se měla vyplnit." A tak se slova stanou semínkem a neštěstí, kvůli kterému se lidé stanou invalidy a čelí dalším obtížím, se opravdu vyplní a stane skutečností.

Je opravdu zapotřebí vzít na sebe utrpení takovýmito pošetilými a zbytečnými slovy? Naneštěstí, když životy lidí zahalí utrpení, mnoho lidí znejistí. Jiní si dokonce ani neuvědomí, že obtíže přišly kvůli jejich vlastním slovům a ještě další si dokonce ani nepamatují, co řekli, že to způsobilo takovéto nesnáze.

Proto pamatujme na to, že za každé slovo nastane odplata tím či oním způsobem, chovejme se co nejlépe a držme svůj jazyk na uzdě. Bez ohledu na záměr, jestliže to, co říkáte, je všechno, jen ne dobré a hezké, satan vás může snadno – a určitě to udělá – učinit zodpovědnými za vaše slova a stanete se předmětem bolestných a zbytečných potíží.

Co se stane tomu, kdo záměrně lže o Boží církvi a Božím milovaném služebníku a tím do velké míry brání poslání církve a staví se proti Bohu? Bude brzy přiveden pod satanův vliv a potrestán v pekle.

Následuje příklad trestu, který byl uložen všem těm, kteří svými slovy bránili Duchu svatému.

Lidé odporující svými slovy Duchu svatému

Naši církev po dlouhou dobu navštěvoval jeden člověk, který v ní i sloužil a zastával mnoho druhů různých pozic. Neobřezal však své srdce, což je zdaleka ta nejdůležitější věc, která se od všech křesťanů vyžaduje. Navenek se zdál každým coulem věrným pracovníkem, který miloval Boha, církev a své bratry a sestry v církvi.

V jeho rodině se vyskytoval člověk, který byl uzdraven z nevyléčitelné nemoci, která z něj mohla udělat trvalého invalidu a další člověk, který byl oživen na prahu smrti. Kromě toho měla jeho rodina mnoho zkušeností s Bohem a s Božím požehnáním, ale on nikdy nedokončil obřezání svého srdce a neodhodil veškerou špatnost.

Takže, když naše církev jako celek čelila vážným problémům, jeho rodinní příslušníci byli sváděni satanem k tomu, aby ji zradili. Aniž by pamatoval na milost a požehnání, kterých se mu skrze církev dostalo, opustil církev, ve které tak dlouho sloužil. Navíc se začal stavět proti naší církvi a jakoby plnil evangelizační poslání, brzy začal sám navštěvovat členy církve a míchat se do jejich víry.

Třebaže opustil církev kvůli nejistotě své víry, mohl mít nakonec příležitost získat Boží soucit, pokud by zůstal potichu o věcech, se kterými nebyl důvěrně obeznámen a pokud by se pokusil rozlišit dobré od špatného.

On však nedokázal přemoci své vlastní zlo a svým jazykem hřešil tolik, že ho nyní čeká pouze trýznivá odplata.

Sežehnutá ústa a zkroucené tělo

Posel pekla ožehává jeho ústa rozpáleným železem, protože slovy vycházejícími ze svých úst vážně odporoval Duchu svatému. Tento trest je podobný trestu Pontia Piláta, který slovy vypuštěnými ze svých úst odsoudil k ukřižování nevinného Ježíše a nyní má v dolním podsvětí svůj jazyk natrvalo vyjmut z úst.

Navíc je tato duše nucena vejít do skleněné roury, která má na obou koncích zátky a kde jsou umístěny kovové rukojeti. Když poslové pekla otáčejí těmito rukojeťmi, tělo chycené duše se zkroutí. Její tělo je krouceno více a více a jako se špinavá voda vymačkává z mopu, krev duše vystřikuje skrze oči, nos, ústa a všechny ostatní otvory v těle. Nakonec z buněk vytryskne všechna krev a tělní tekutiny.

Dokážete si představit, jak veliká síla se musí vyvinout při kroucení vašeho prstu, aby se z něj vymáčkla jediná kapka krve?

Krev a tělní tekutiny této duše se nevymačkávají pouze z jedné části jejího těla, ale z celého těla, od hlavy až k patě. Všechny kosti a svalová soustava jsou krouceny a roztříštěny a všechny buňky se rozpadají, takže se může vymačkat i poslední kapka jakékoliv tělní tekutiny. To musí hrozně bolet!

Nakonec je skleněná roura plná krve a tělních tekutin, takže zdálky vypadá jako láhev červeného vína. Potom co poslové pekla kroutí a kroutí tělo této duše až z těla vyteče úplně poslední kapka tělní tekutiny, nechají tělo na okamžik na pokoji, aby se mohlo znovu obnovit.

I když je toto tělo obnoveno, jakou naději tato duše má? Od chvíle, kdy se tělo obnoví, se kroucení a vymačkávání těla nekonečně opakuje. Jinými slovy, chvíle mezi dalším mučením jsou pouze prodloužením mučení.

Za bránění Božímu království svým jazykem jsou rty této duše sežehnuty a jako odměna za aktivní pomoc s dílem satana je vytěžen každý mililitr tekutiny v těle.

V duchovním světě člověk sklidí, co zaseje a cokoliv udělal, bude mu učiněno také. Mějte, prosím, tuto skutečnost na paměti a nepodléhejte zlu, ale pouze dobrými slovy a skutky žijte život, který oslavuje Boha.

4. Ohromně veliké mučící nástroje

Tato duše osobně zakusila práci Ducha svatého, když byl tento člověk uzdraven ze své nemoci a slabosti. Potom se z celého srdce modlil, aby obřezal své srdce. Svůj život vedl a podřizoval

Duchu svatému a nesl ovoce, získal chválu a lásku členů církve a stal se kazatelem.

Chycen svou vlastní pýchou

Když získal chválu a lásku lidí okolo sebe, stoupající měrou se stával domýšlivějším a domýšlivějším, až se na sebe nedokázal správně podívat a nevědomky přestal obřezávat své srdce. Vždycky býval prchlivým a žárlivým člověkem a namísto toho, aby tyto věci odhodil, začal soudit a odsuzovat všechny ty, kdo měli pravdu a byl zaujatý proti komukoliv, kdo se mu nelíbil nebo s ním nesouhlasil.

Jakmile je člověk chycen svou vlastní pýchou a koná zlo, vychází z něho stále více a více zla až sám sebe neudrží pod kontrolou a ani si nepřeje dbát něčí rady. Tato duše kupila zlo na zlo, chytila se do satanovy pasti a otevřeně se postavila proti Bohu.

Když obdržíme Ducha svatého, spasení není ukončeno. I když jste naplněni Duchem svatým, zažíváte milost a sloužíte Bohu, jste jako maratónový běžec, který je stále velmi daleko od cílové pásky – očišťování. Nezáleží na tom, jak dobře běžec běží, jestliže předčasně ukončí závod nebo omdlí, znamená to, že není dobrý běžec. Mnoho lidí běží k cílové pásce – nebi. Bez ohledu na to, jak rychle jste do určitého bodu mohli běžet, bez ohledu na to, jak blízko jste se mohli dostat k cílové pásce, pokud ukončíte závod, je to pro vás konec závodu.

Nedomnívejte se, že stojíte pevně

Bůh nám rovněž říká, že pokud jsme „vlažní," budeme opuštěni (Zjevení 3:16). I když jste mužem/ženou víry, musíte být vždy naplněni Duchem svatým; udržovat své nadšení pro Boha; a horlivě šířit nebeské království. Jestliže ukončíte svůj závod v půli cesty, nemůžete být spaseni podobně jako ti, kdo se závodu neúčastní od začátku.

Z tohoto důvodu apoštol Pavel, který byl Bohu věrný celým svým srdcem, vyznal toto: *„Den ze dne hledím smrti do tváře – ujišťuji vás o tom, bratří, při všem, co pro mne znamenáte, v Kristu Ježíši, našem Pánu"* (1 Korintským 15:31) a toto: *„Ranami nutím své tělo ke kázni, abych snad, když kážu jiným, sám neselhal"* (1 Korintským 9:27).

Třebaže jste v postavení, že vyučujete druhé, jestliže neodhodíte své vlastní myšlení a nebudete lámat své vlastní tělo, aby vám bylo otrokem způsobem jako to činil apoštol Pavel, Bůh vás opustí. To proto, že *„váš protivník, ďábel, obchází jako ‚lev řvoucí' a hledá, koho by pohltil"* (1 Petrův 5:8).

V 1 Korintským 10:12 čteme: *„A proto ten, kdo si myslí, že stojí, ať si dá pozor, aby nepadl."* Duchovní svět je nekonečný a to, že se stále více a více podobáme Bohu, rovněž nemá žádný konec. Způsob, jakým farmář zasévá na jaře semínka, obdělává v létě půdu a sklízí na podzim svou úrodu, musíte i vy neustále postupovat vpřed, abyste učinili svou duši lepší a připravenou na setkání s Pánem.

Kroucení a píchání do hlavy

Jaký trest očekává tuto duši, která přestala obřezávat své srdce, protože si myslela, že stojí pevně, ale nakonec selhala?

Mučí ji stroj, který se podobá poslovi pekla, padlému andělovi. Stroj je několikrát větší než posel pekla a pouhý pohled na něj způsobuje mrazení v zádech. Na rukou mučícího nástroje jsou ostré a špičaté nehty delší než je výška průměrného člověka.

Tento velký mučící nástroj drží pravou rukou duši za krk a nehty levé ruky kroutí její hlavou tak, že nehty propichují její hlavu a pronikají hluboko do mozku. Dokážete si jen představit, jak hrozně to musí bolet?

Fyzická bolest je strašná; psychická bolest je však ještě nesnesitelnější. Před očima duše probíhá něco jako slideshow, která živě promítá její nejšťastnější momenty v životě: štěstí, které cítila, když poprvé zakusila Boží milost a když Boha chválila, dobu, kdy horlivě plnila Ježíšův příkaz „jděte ke všem národům a získávejte mi učedníky," a podobně.

Psychické mučení a výsměch

Pro duši znamená každá scéna, jako by ji někdo bodal do srdce. Kdysi byla služebníkem všemohoucího Boha a plná naděje v to, že bude setrvávat ve slavném novém Jeruzalémě. Nyní je uvězněna na tomto žalostném místě. Tento tvrdý kontrast trhá její srdce na kusy. Duše nedokáže déle strpět toto psychické mučení a schovává svou krvavou a rozcuchanou hlavu a tvář do dlaní. Prosí o milost a konec mučení, ale konec jejího utrpení nemá konce.

Po chvíli mučící nástroj upustí duši na zem. Potom ji obklopí poslové pekla, kteří sledovali její utrpení a vysmívají se jí: „Jak jsi mohla být Božím služebníkem? Stala jsi se apoštolem satana a nyní sloužíš k jeho pobavení."

Přitom, jak poslouchá jejich výsměch, vzlyká a křičí o milost, chytnou ji dva prsty na pravé ruce mučícího nástroje za krk. Aniž by bral v potaz svíjení duše, vyzvedne ji stroj do výšky svého krku a propíchne jí hlavu svými ostrými a špičatými nehty na levé ruce. Stroj vykonává další muka tím, že znovu přehrává slideshow. Toto mučení bude pokračovat až do dne soudu.

5. Uvázání ke kmeni stromu

Toto je trest někdejšího Božího služebníka, který kdysi vyučoval členy své církve a měl na zodpovědnost mnoho důležitých služeb.

Odporování Duchu svatému

Tato duše měla ve své povaze silnou touhu po slávě, materiálním zisku a moci. Tento člověk horlivě konal své povinnosti, ale neuvědomoval si svou vlastní špatnost. Nakonec dospěl do bodu, kdy se přestal modlit a tím účinně zastavil vyvíjení úsilí nutného k obřezání svého srdce. Nepozorovaně v něm začaly růst všemožné druhy špatnosti jako jedovaté houby a když církev, ve které sloužil, čelila veliké krizi, moc satana ho neprodleně převzala pod svá křídla.

Když se potom, co byl sváděn satanem, postavil Duchu svatému, všechny jeho hříchy se staly ještě vážnějšími, protože býval čelním představitelem své církve, negativně ovlivnil velmi mnoho členů a bránil Božímu království.

Podroben mučení i výsměchu

Tento muž obdržel trest, který spočívá v tom, že je v dolním podsvětí uvázán ke kmeni stromu. Jeho potrestání není tak kruté jako potrestání Jidáše Iškariotského, ale je stejně nelítostné a nesnesitelné.

Posel pekla přehrává duši slideshow, která promítá scény vyobrazující nejšťastnější momenty v jejím životě, většinou období, kdy byla věrným Božím služebníkem. Toto psychické mučení jí má připomenout, že kdysi prožívala šťastné období a měla šanci získat hojné Boží požehnání, ale nikdy neobřezala své srdce kvůli své chamtivosti a falši a nyní je zde, aby se jí dostalo hrozného trestu.

Ze stropu visí nespočet černého ovoce a potom, co posel pekla promítne duši scény ze slideshow, ukáže na strop a vysměje se jí: „Tvoje chamtivost nesla takovéto ovoce!" Potom začne ovoce jedno po druhém padat. Každý kus ovoce je hlava někoho, kdo ho následoval v odporu proti Bohu. Tito lidé se dopustili stejného hříchu jako tato duše a zbytek jejich těl byl po strašlivém mučení odříznut. Zůstaly jen jejich hlavy, které visí ze stropu. Duše uvázaná ke stromu na světě nabádala a lákala tyto lidi, aby následovali cesty její chamtivosti a konali zlo, a tak se tito lidé stali ovocem její chamtivosti.

Kdykoliv se jí služebník pekla vysměje, slouží tento výsměch jako signál k tomu, aby toto ovoce jedno po druhém začalo padat a rozletělo se na kousky. Přitom každá hlava s praskotem uvolní svůj obsah. Drama, historické nebo akční dokumenty, hry nebo filmy, ve kterých bylo nějaké postavě proříznuto hrdlo, běžně vykreslují hlavu mrtvé postavy s rozcuchanými vlasy, krvavou tváří, rty s puchýři a s pronikavýma očima. Hlavy, které padají ze stropu, se zcela podobají hlavám v takovýchto dramatech nebo filmech.

Hlavy spadlé ze stropu duši okousávají

Když strašné hlavy spadnou ze stropu, přimykají se jedna po druhé k duši. Nejprve se přimknou k jejím nohám a okousávají je.

Další scéna ze slideshow prochází před očima duše a posel pekla se jí znovu vysmívá: „Podívej, tvoje chamtivost visí támhle!" Potom padá ze stropu další hlava, rozletí se a další hlava se k duši přimyká a prudce okousává její ramena.

Tímto způsobem, kdykoliv se posel pekla duši vysměje, spadne ze stropu další hlava, jedna po druhé. Tyto hlavy všechny volně visí nad tělem duše a scéna vypadá jako strom nesoucí hojné ovoce. Bolest z okousávání těmito hlavami se zcela liší od bolesti z okousávání zvířaty nebo něčím jiným na tomto světě. Jed z ostrých zubů těchto hlav se šíří z okousávaných částí těla do vnitřku kostí a tělo tuhne a tmavne. Tato bolest je tak veliká, že kousnutí hmyzu nebo zranění šelmou se oproti tomu zdá mnohem méně bolestivé.

Duše, kterým byly ponechány pouze hlavy, musely strpět mučení, kdy jim byla odříznuta těla a rozerván zbytek jejich těl. O co více nevraživosti budou chovat proti této duši? Třebaže se postavily proti Bohu vinou své vlastní špatnosti, jejich touha po odplatě za jejich pád je velmi zlomyslná a zoufalá.

Duše velmi dobře ví, že je trestána kvůli své chamtivosti. Nicméně místo toho, aby litovala nebo činila pokání ze svých hříchů, je zaneprázdněná tím, že proklíná hlavy jiných duší, které okousávají a likvidují její tělo. Jak plyne čas a bolest se zvyšuje, duše v sobě hromadí o to více zla a špatnosti.

Nesmíte se dopustit neodpustitelných hříchů

Uvedl jsem pět příkladů trestů uložených lidem, kteří se postavili proti Bohu. Takové duše dostanou těžší trest než mnohé jiné, protože v určitém období svého života pracovali pro Boha a šířili jeho království jako vedoucí představitelé v církvi.

Musíme zde pamatovat na to, že mnoho duší, které skončily v dolním podsvětí, kde podstupují trest, se domnívalo, že věřily v Boha a věrně a horlivě sloužily Bohu, jeho služebníkům a své církvi.

Navíc musíte pamatovat na to, že nesmíte nikdy mluvit proti Duchu svatému, odporovat mu nebo se proti němu rouhat. Těm, kdo odporují Duchu svatému, nebude dán duch pokání hlavně proto, že se staví proti Duchu svatému potom, co prohlásili svou víru v Boha a potom, co osobně zakusili práci Ducha svatého. A tak nedokážou činit pokání.

Od časného období mé služby až do dnešního dne jsem nikdy nekritizoval žádné jiné církve nebo jiné Boží služebníky a nikdy jsem je neodsoudil jako „heretické." Jestliže jiné církve a pastoři věří v trojjediného Boha, uznávají existenci nebe a pekla a kážou poselství o spasení skrze Ježíše Krista, jak mohou být označeny za heretické?

Navíc odsoudit a označit církev nebo služebníka, ve které nebo skrze něhož se projevuje a potvrzuje Boží autorita a přítomnost, je jasné postavení se proti Duchu svatému. Pamatujte si, že takový hřích se neodpouští.

A tak dokud není zjištěna pravda, nikdo nemůže nikoho druhého odsoudit jako „heretického." Kromě toho se nesmíte nikdy dopustit hříchu bránění a stavění se proti Duchu svatému svým jazykem.

Opustíte-li Bohem uloženou povinnost

Za žádných okolností nesmíme podle svého vlastního uvážení nikdy opustit Bohem uložené povinnosti. Ježíš zdůraznil důležitost povinnosti v podobenství o hřivnách (Matouš 25).

Byl jeden člověk, který se chystal na cestu. Zavolal své služebníky a svěřil jim svůj majetek, každému podle jeho schopností. Jednomu dal pět hřiven, druhému dvě a třetímu jednu. První a druhý služebník se dali do podnikání a majetek zdvojnásobili. Služebník, který přijal jednu hřivnu, šel, vykopal jámu a peníze svého pána do ní ukryl. Po dlouhé době se pán těch služebníků vrátil a začal s každým z nich účtovat. Muži, kteří obdrželi pět a dvě hřivny, přinesli to, co díky hřivnám vydělali. Pán každého z nich pochválil a řekl: „Správně, služebníku dobrý a věrný!“ Potom byl ten muž, který přijal jednu hřivnu, opuštěn, protože s penězi nepracoval a neměl o to žádný zájem. Namísto toho si peníze jen podržel.

„Hřivna“ se v tomto podobenství vztahuje na Bohem uloženou povinnost. Vidíte, že toho, který si pouze ponechává svou povinnost, Bůh opouští. Přesto velmi mnoho lidí okolo nás opouští své povinnosti, které jim Bůh uložil. Musíte si uvědomit, že ti, kdo opouštějí své povinnosti podle svého uvážení, za to budou jistě souzeni v den soudu.

Odhoďte pokrytectví a obřežte své srdce

Ježíš rovněž zmiňoval důležitost obřezání srdce, když káral učitele zákona a farizeje jako pokrytce. Zdálo se, že učitelé zákona a farizeové žijí život ve víře, ale jejich srdce byla plná špatnosti, proto je Ježíš pokáral, když jim řekl, že se podobají obíleným hrobům.

> *Běda vám, zákoníci a farizeové, pokrytci! Podobáte se obíleným hrobům, které zvenčí vypadají pěkně, ale uvnitř jsou plné lidských kostí a všelijaké nečistoty. Tak i vy se navenek zdáte lidem spravedliví, ale uvnitř jste samé pokrytectví a nepravost* (Matouš 23:27-28).

Ze stejného důvodu je zbytečné se nalíčit nebo si obléknout nejmódnější šaty, jestliže je vaše srdce plné žárlivosti, závisti a domýšlivosti. Bůh chce více než cokoliv jiného, abychom obřezali svá srdce a odhodili špatnost.

Evangelizace, péče o členy církve a služba církvi jsou všechno velmi důležité věci. Tou nejdůležitější věcí je však milovat Boha, chodit ve světle a podobat se stále více a více Bohu. Měli byste být svatí, protože Bůh je svatý a měli byste být dokonalí, protože Bůh je dokonalý.

Na jednu stranu, pokud nepramení vaše současné zapálení pro Boha z vašeho opravdového srdce a veškeré víry, může se vždy zvrátit, a tak se nemůže líbit Bohu. Na druhou stranu, jestliže někdo obřeže své srdce, aby se stal svatým a neporušeným, bude ze srdce tohoto jedince vycházet vůně, která se Bohu bude skutečně líbit.

Kromě toho, bez ohledu na to, jak moc znáte a umíte Boží slovo, důležitější věcí pro vás je přimět svou mysl k tomu, aby jednala a žila v souladu s Božím slovem. Vždy byste měli mít na mysli existenci mučivého pekla, očišťovat své srdce a když se vrátí Pán Ježíš, budete jedněmi z prvních, kdo ho obejmou.

1 Korintským 2:12-14 nám říká: „*My jsme však nepřijali ducha světa, ale Ducha, který je z Boha, abychom poznali, co nám Bůh daroval. O tom i mluvíme ne tak, jak nás naučila lidská moudrost, ale jak nás naučil Duch, a duchovní věci vykládáme slovy Ducha. Přirozený člověk nemůže přijmout věci Božího Ducha; jsou mu bláznovstvím a nemůže je chápat, protože se dají posoudit jen Duchem.*“

Jak může kdokoliv z tělesného světa mluvit o duchovních věcech a rozumět jim bez práce a pomoci Ducha svatého, kterého nám Bůh zjevil?

Toto svědectví o pekle vyjevil sám Bůh, a tak je každá jeho část pravdivá. Tresty v pekle jsou tak strašlivé, že namísto odhalování každého detailu jsem napsal pouze o několika případech mučení. Rovněž mějte na mysli, že mezi mnoha lidmi, kteří skončili v dolním podsvětí, jsou ti, kteří byli kdysi věrní a oddaní Bohu.

Pokud nemáte patřičné předpoklady, zejména jestliže jste se přestali modlit a obřezávat své srdce, budete téměř jistě sváděni satanem, abyste se postavili proti Bohu a nakonec budete vhozeni do pekla.

Ve jménu našeho Pána Ježíše Krista se modlím, abyste si uvědomili, jak strašlivé a žalostné místo peklo je, usilovali o to spasit co nejvíce duší, vroucně se modlili, horlivě kázali evangelium a vždy zkoumali sami sebe, abyste dosáhli úplného spasení.

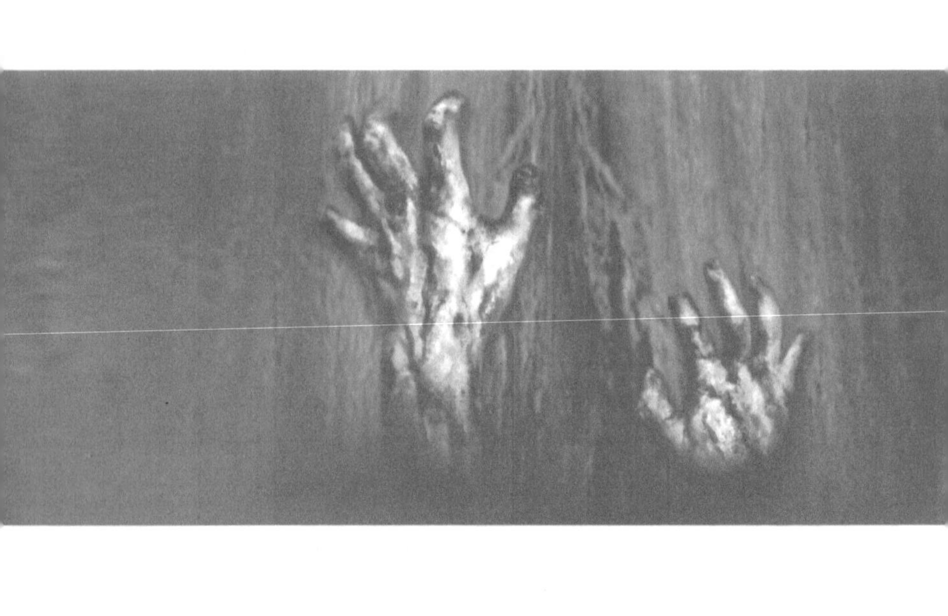

Kapitola 7

Spasení během velikého soužení

1. Kristův příchod a vytržení
2. Sedm let velikého soužení
3. Mučednictví během velikého soužení
4. Kristův druhý příchod a milénium
5. Příprava na to stát se Pánovou překrásnou nevěstou

*„A toto evangelium
o království bude kázáno po celém
světě na svědectví všem národům,
a teprve potom přijde konec.“*
\- Matouš 24:14 -

*„Za nimi letěl třetí anděl a volal mocným hlasem: ‚Kdo kleká před
šelmou a před její sochou, kdo přijímá její cejch na čelo či na ruku,
bude pít víno Božího rozhorlení, které Bůh nalévá neředěné do číše
svého hněvu; a bude mučen ohněm a sírou před svatými anděly a před
Beránkem. A jeho muka neuhasnou na věky věků a dnem ani nocí
nedojde pokoje ten, kdo kleká před šelmou a jejím obrazem
a nechal si vtisknout její jméno.‘“*
\- Zjevení 14:9-11 -

Když budeme věnovat důkladnou pozornost běhu dnešních dějin nebo proroctvím v Bibli, uvědomíme si, že čas dozrává a Pánův příchod se blíží. V posledních letech došlo k četným zemětřesením a povodním, které se svým rozsahem stávají asi jednou za několik stovek let.

Navíc časté rozsáhlé lesní požáry, hurikány a tajfuny za sebou zanechávají jen obraz zkázy a enormní množství obětí. V Africe a Asii mnoho lidí trpí a umírá hladem způsobeným dlouhými obdobími sucha. Velká část světa byla svědkem a zažila abnormální počasí způsobené ztenčováním ozónové vrstvy jako „El Niňo," „La Niňa" a mnoho dalších.

Navíc se zdá, že války a konflikty mezi jednotlivými zeměmi, teroristické útoky a jiné formy násilí neberou konce. Ukrutnosti přesahující morální principy člověka se staly každodenním jevem, které nám hromadné sdělovací prostředky předkládají.

Takovéto fenomény prorokoval již Ježíš Kristus před dvěma tisíci lety, když odpovídal svým učedníkům na otázku: *„Pověz nám, kdy to nastane a jaké bude znamení tvého příchodu a skonání věku!"* (Matouš 24:3).

Například, jak pravdivé jsou dnes následující verše?

> *„Povstane národ proti národu a království proti království, bude hlad a zemětřesení na mnoha místech. Ale to vše bude teprve začátek bolestí"* (Matouš 24:7-8).

Proto, pokud máte opravdovou víru, měli byste vědět, že den Ježíšova návratu je velmi blízko a měli byste být bdělí jako pět rozumných družiček (Matouš 25:1-13). Za žádnou cenu nedopusťte, abyste zůstali zanecháni na zemi jako ostatních pět družiček, které si nepřipravily dostatek oleje do svých lamp.

1. Kristův příchod a vytržení

Zhruba před dvěma tisíci lety zemřel na kříži náš Pán Ježíš Kristus, třetího dne vstal z mrtvých a vystoupil před zraky mnoha lidí na nebesa. Skutky 1:11 nám říkají: „*Tento Ježíš, který byl od vás vzat do nebe, znovu přijde právě tak, jak jste ho viděli odcházet.*"

Ježíš se vrátí v oblacích

Ježíš Kristus otevřel cestu ke spasení, odešel do nebe, kde sedí po Boží pravici a připravuje pro nás místo. V době, kterou si Bůh zvolí a až budou připravena naše místa v nebesích, se pro nás Ježíš vrátí, aby nás vzal s sebou, jak prorokoval v Janovi 14:3: „*A odejdu-li, abych vám připravil místo, opět přijdu a vezmu vás k sobě, abyste i vy byli, kde jsem já.*"

Jak bude vypadat Ježíšův návrat?

1 Tesalonickým 4:16-17 líčí scénu, ve které Ježíš sestoupí z nebe s nespočetnými nebeskými zástupy a anděly spolu s mrtvými v Kristu.

Zazní povel, hlas archanděla a zvuk Boží polnice, sám Pán sestoupí z nebe, a ti, kdo zemřeli v Kristu, vstanou nejdříve; Potom my živí, kteří se toho dočkáme, budeme spolu s nimi uchváceni v oblacích vzhůru vstříc Pánu. A pak už navždy budeme s Pánem.

Jak velkolepé bude pro Ježíše Krista vrátit se obklopen a chráněn početným nebeským zástupem a anděly v oblacích! V té době budou všichni lidé, kteří jsou spaseni vírou, uchváceni v oblacích vzhůru a zúčastní se sedmileté svatební hostiny.

Ti, kdo již budou mrtví, ale spaseni v Kristu, budou vzkříšeni jako první a uchváceni v oblacích vzhůru následováni těmi, kdo budou v době Ježíšova návratu stále naživu a jejichž těla se přemění v nepomíjející těla.

Vytržení a sedmiletá svatební hostina

„Vytržení" je událost, při které se věřící vznesou do oblak. Kde se tedy nachází „oblaka" zmiňovaná v 1 Tesalonickým 4. kapitole?

Podle Efezským 2:1-2, kde se říká: „*I vy jste byli mrtvi pro své viny a hříchy, v nichž jste dříve žili podle běhu tohoto světa, poslušni vládce nadzemských mocí, ducha, působícího dosud v těch, kteří vzdorují Bohu,*" „nadzemských" odkazuje na místo, kde mají moc zlí duchové.

Ale toto místo pro zlé duchy neoznačuje místo pro sedmiletou svatební hostinu. Náš Otec Bůh připravil pro hostinu zvláštní místo. Důvod, proč Bible nazývá připravené místo „oblaka," což je totožné místo s místem pro zlé duchy, je ten, že se tato dvě místa nacházejí ve stejném prostoru.

Když jen tak vzhlédnete k obloze, nejspíš pro vás bude obtížné pochopit, kde se skutečně nacházejí „oblaka" – ve kterých se setkáme s Ježíšem a kde se bude konat sedmiletá svatební hostina. Odpovědi na takovéto otázky naleznete v „Lectures on Genesis" (Slovo o Genesis) a ve dvoudílné sérii Nebe. Prosím, podívejte se na tato poselství, protože je podstatné, abyste rozuměli duchovnímu světu a jaksepatří věřili Bibli.

Dokážete si představit, jak šťastní budou všichni věřící v Ježíše, kteří se připravovali jako jeho nevěsta, když se konečně setkají se svým ženichem a zúčastní se své svatební hostiny, která bude trvat sedm let?

> *„Radujme se a jásejme a vzdejme mu chválu; přišel den svatby Beránkovy, jeho choť se připravila a byl jí dán zářivě čistý kment, aby se jím oděla. Tím kmentem jsou spravedlivé skutky svatých. Tehdy mi řekl: Piš: ‚Blaze těm, kdo jsou pozváni na svatbu Beránkovu.' A řekl mi: ‚Toto jsou pravá slova Boží'"* (Zjevení 19:7-9).

Na jednu stranu ti věřící, kteří budou uchváceni do oblak, obdrží odměnu za to, že zvítězili nad světem. Na druhou stranu ti, kteří nebudou vyzdviženi, budou trpět ranami nepředstavitelného rozsahu, které jim uštědří zlí duchové, kteří budou vyhnáni z oblak na zem, až se Ježíš vrátí.

2. Sedm let velikého soužení

Zatímco se věřící, kteří byli spaseni, budou sedm let těšit ze svatebního hodování v oblacích s Ježíšem Kristem, budou s ním sdílet svou radost a plánovat šťastnou budoucnost, všichni ti, kdo byli zanecháni na zemi, budou čelit sedmi letem soužení nebývalého rozsahu, kdy na lidstvo udeří nepopsatelné a hrůzné pohromy.

Třetí světová válka a znamení šelmy

Během nadcházející jaderné války globálního rozsahu, třetí světové války, bude na zemi spálena jedna třetina všech stromů a zahyne zde jedna třetina lidstva. Po dobu této války bude kvůli vážnému znečištění země obtížné nalézt dýchatelný vzduch a čistou vodu a ceny potravin a životně důležitých potřeb vyletí nahoru.

Bude představeno znamení šelmy, „666," a každý ho bude muset přijmout buď na svou pravou ruku nebo na čelo. Jestliže někdo odmítne znamení přijmout, nebude zaručena jeho totožnost a nebude moci učinit jakoukoliv transakci a nákup třeba i životně důležitých potřeb.

A nutí všechny, malé i veliké, bohaté i chudé, svobodné i otroky, aby měli na pravé ruce nebo na čele cejch, aby nemohl kupovat ani prodávat, kdo není označen jménem té šelmy nebo číslicí jejího jména. To je třeba pochopit: kdo má rozum, ať sečte číslice té

> *šelmy. To číslo označuje člověka, a je to číslo šest set šedesát šest* (Zjevení 13:16-18).

Mezi těmi, kdo byli na zemi po Ježíšově příchodu a vytržení zanecháni, jsou lidé, kteří slyšeli evangelium nebo dokonce navštěvovali církev a nyní si vzpomínají na Boží slovo.

Jsou zde ti, kdo se úmyslně vzdali své víry a další, kteří si mysleli, že věří v Boha, ale jsou přece zanecháni zde. Kdyby ti byli bývali upřímně věřili Bibli, byli by vedli dobré životy v Kristu.

Namísto toho ale byli vlažní a říkali si: „Jestli existuje nebe a peklo zjistím tehdy, až zemřu," a tak neměli ten druh víry, který je nutný ke spasení.

Trest pro lidi, kteří přijali znamení šelmy

Takoví lidé si uvědomí, že každé slovo v Bibli je pravdivé až potom, co se stanou svědky vytržení. Jsou zarmouceni a hořce pláčou. Pohlceni velikým strachem činí pokání z toho, že nežili podle Boží vůle a zoufale hledají cestu ke spasení. Kromě toho, protože vědí, že když přijmou znamení šelmy, zavede je to pouze do pekla, dělají všechno proto, aby se tomu vyhnuli. I touto cestou se pokusí prokázat svou víru.

> *Za nimi letěl třetí anděl a volal mocným hlasem: ‚Kdo kleká před šelmou a před její sochou, kdo přijímá její cejch na čelo či na ruku, bude pít víno Božího rozhorlení, které Bůh nalévá neředěné do číše svého*

hněvu; a bude mučen ohněm a sírou před svatými anděly a před Beránkem. A jeho muka neuhasnou na věky věků a dnem ani nocí nedojde pokoje ten, kdo kleká před šelmou a jejím obrazem a nechal si vtisknout její jméno.' Zde se ukáže vytrvalost svatých, kteří zachovávají Boží přikázání a věrnost Ježíši (Zjevení 14:9-12).

Odmítnout znamení šelmy však není jednoduché, obzvláště ve světě, ve kterém úplně všechno převzali zlí duchové. Zlí duchové také zároveň vědí, že tito lidé, pokud odmítnou znamení 666 a zemřou mučednickou smrtí, obdrží spasení. A tak se zlí duchové snadno nevzdají.

V době raných křesťanských církví před dvěma tisíci lety mnoho vládních institucí potíralo křesťany ukřižováním, stětím hlavy nebo ponecháním v jámě se lvi. Pokud by byl někdo perzekuován a zabit tímto způsobem, přijalo by rychlou smrt během sedmi let velikého soužení bezpočet lidí. Zlí duchové však během tohoto sedmiletého období lidem, kteří na zemi zůstanou, nic neulehčí. Zlí duchové budou lidi nutit, aby zapřeli Ježíše, a to jakýmkoliv způsobem, kterým budou moci a zmobilizováním všech zdrojů, které proti lidem mají. To neznamená, že lidé budou moci spáchat sebevraždu, aby se vyhnuli mučení, protože sebevražda je zavede pouze do pekla.

Ti, kdo se stanou mučedníky

Již jsem zmínil některé kruté metody mučení, které zlí

duchové používají. Během velikého soužení se budou volně používat metody mučení přesahující všechny naše představy. Navíc, protože je téměř nemožné mučení vydržet, pouze malé množství lidí skutečně získá během tohoto období spasení.

Proto musíme všichni za všech časů duchovně bdít a získat takovou víru, která nás v době Kristova příchodu vyzdvihne do oblak.

Zatímco jsem se modlil, Bůh mi zjevil vidění, ve kterém byli lidé, kteří byli zanecháni na zemi po vytržení, potrestáni všemožným mučením. Viděl jsem, že většina lidí nedokázala mučení snést a nakonec podlehla zlým duchům.

Mučení zahrnuje svlékání lidí z kůže, lámání a tříštění jejich kloubů, usekávání prstů na rukou a na nohou i polévání prskajícím olejem. Někteří lidé, kteří dokážou vydržet své vlastní mučení, nemohou vystát pohled na utrpení svých starých rodičů nebo malých dětí a nakonec znamení 666 podlehnou.

Přesto ale existuje malé množství spravedlivých lidí, kteří překonají všechna pokušení a mučení. Tito lidé dosáhnou spasení. Třebaže je to ostudné spasení a oni vstoupí do ráje náležejícího k nebi, jsou velmi vděční a rádi, že nepropadli peklu.

Proto jsme povinni šířit toto poselství o pekle po celém světě. Třebaže se zdá, že mu lidé nyní nevěnují žádnou pozornost, jestliže si na něj vzpomenou během velikého soužení, připraví to cestu k jejich spasení.

Někteří lidé říkají, že zemřou mučednickou smrtí, aby získali spasení, pokud opravdu dojde k vytržení a oni zůstanou zanecháni zde na zemi.

Nicméně, jestliže si nedokázali udržet svou víru v době míru, jak ji budou bránit vprostřed takovéhoto krutého mučení? Nedokážeme předpovídat ani to, co se nám stane v příštích deseti minutách. Zemřou-li tito lidé předtím, než dostanou příležitost zemřít mučednickou smrtí, čeká je pouze peklo.

3. Mučednictví během velikého soužení

Abych vám pomohl snadněji pochopit mučení v období velikého soužení a vy jste mohli zůstat duchovně bdělí, abyste se mu vyhnuli, dovolte mi uvést příklad jedné duše, na kterém to v následujících řádcích vysvětlím.

Protože se této ženě dostalo přetékající Boží milosti, mohla vidět a slyšet veliké, slavné a dokonce skryté věci o samotném Bohu. Její srdce však bylo naplněno špatností a měla malou víru.

S takovými dary od Boha vykonávala důležité povinnosti, sehrála rozhodující roli při šíření Božího království a často potěšila Boha svými skutky. Lidé jednoduše předpokládají: „Tito lidé s důležitými povinnostmi v církvi musí být muži a ženy veliké víry!"

To ale nemusí být nutně pravda. Z Boží perspektivy existuje bezpočet věřících, jejichž víra je všechno, jen ne „veliká." Bůh neměří tělesnou víru, ale duchovní víru.

Bůh si žádá duchovní víru

Pojďme nyní stručně prozkoumat „duchovní víru" na příkladu vysvobození Izraelitů z Egypta. Izraelité byli svědky a zažili deset Božích ran seslaných na Egypt. Byli u toho, když se Rudé moře rozdělilo na dvě poloviny a faraón a jeho armáda se v něm utopili. Zakusili Boží vedení ve dne sloupem oblakovým a v noci sloupem ohnivým. Každý den jedli manu z nebe, slyšeli hlas Boha sedícího v oblacích a viděli, s jakým zapálením Bůh koná. Pili vodu ze skaliska potom, co do něj Mojžíš udeřil svou holí a viděli, jak se hořká voda z Mary proměnila ve sladkou. Třebaže byli opakovaně svědky zázračných skutků a znamení živého Boha, jejich víra Boha ani nepotěšila ani pro něj nebyla přijatelná. A tak nakonec nemohli vstoupit do zaslíbené Kenaanské země (Numeri 20:12).

Na jednu stranu nečinná víra, bez ohledu na to, jak moc někdo zná Boží slovo nebo byl svědkem Božích skutků a zázraků, není opravdová víra. Na druhou stranu, jestliže nabudeme duchovní víry, nepřestaneme se učit Boží slovo; budeme poslouchat Boží slovo, obřezávat své srdce a vyhýbat se každé špatnosti. Zdali máme „velikou“ nebo „malou“ víru je určeno mírou, do jaké jsme poslušni Božímu slovu, chováme se a žijeme podle něj a naše srdce se podobá Božímu srdci.

Opakovaná neposlušnost z domýšlivosti

V tomto aspektu měla žena, o níž byla řeč výše, malou víru. Chvíli se pokoušela obřezat své srdce, ale nedokázala zcela opustit zlo. Navíc, protože byla v pozici, kdy kázala Boží slovo, byla stále domýšlivější.

Tato žena si myslela, že má opravdovou a velikou víru. Zašla tak daleko, že si myslela, že Boží vůle nemůže být vyplněna nebo vykonána bez její přítomnosti nebo pomoci. Stále víc namísto vzdávání slávy Bohu za dary, kterými ji Bůh obdařil, chtěla sama získat uznání. Kromě toho využívala to, co patřilo Bohu, ke svému prospěchu, aby uspokojila touhy své hříšné přirozenosti.

Opakovaně pokračovala v neposlušnosti. I když věděla, že Boží vůle pro ni je jít na východ, směřovala na západ. Způsob, jakým Bůh opustil prvního krále Izraele kvůli jeho neposlušnosti (1 Samuelova 15:22-23), tak i když byli lidé jednou použiti jako Boží nástroje, aby naplnili a šířili Boží království, opakovaná neposlušnost bude pouze podněcovat Boha k tomu, aby od nich také odvrátil svou tvář.

Protože žena znala Slovo, byla si vědoma svých hříchů a opakovaně činila pokání. Její modlitba pokání však pouze plynula z jejích rtů, ne z jejího srdce. Skončila tak, že se opakovaně dopouštěla stejných hříchů, čímž dále zvyšovala mezi sebou a Bohem hradbu z hříchů.

2 Petrův 2:22 nám říká: *„Přihodilo se jim to, co říká pravdivé přísloví: ‚Pes se vrátil k vlastnímu vývratku' a ‚Umytá svině se zase válí v bahništi.'"* Potom, co činila pokání ze svých hříchů, dopouštěla se znovu a znovu stejných hříchů.

Nakonec, protože byla polapena svou vlastní domýšlivostí, chamtivostí a bezpočtem hříchů, Bůh od ní odvrátil svou tvář a ona se stala nástrojem satanovým a postavila se proti Bohu.

Kdy se uděluje poslední příležitost k pokání

Obecně těm, kdo mluví proti Duchu svatému, odporují mu nebo se mu rouhají, nemůže být odpuštěno. Nikdy znovu nezískají příležitost k pokání a skončí v dolním podsvětí.

Ale s touto ženou je to jinak. Navzdory všem hříchům a špatnostem, které znovu a znovu rozčilují Boha, stále jí ponechává poslední příležitost k pokání. To proto, že tato žena byla kdysi Božím neocenitelným nástrojem v šíření jeho království. Třebaže tato žena opustila svou povinnost a příslib slávy a odměn v nebi, protože však velmi potěšila Boha, dává jí jednu poslední šanci.

Stále se staví proti Bohu a Duch svatý v ní uhasl. Nicméně, díky zvláštní Boží milosti má tato žena poslední příležitost činit pokání a získat spasení skrze mučednictví během velikého soužení.

Její myšlenky se stále chytají do pasti a jsou pod satanovou kontrolou, ale po vytržení přijde ke smyslům. Protože zná velmi dobře Boží slovo, je si také dobře vědoma stezky, kterou má před sebou. Potom, co si uvědomí, že jedinou cestou k získání spasení je mučednictví, bude činit úplné pokání, shromáždí kolem sebe křesťany, kteří na zemi zůstanou a bude s nimi uctívat Boha, chválit ho a modlit se k němu, zatímco se bude připravovat na své mučednictví.

Mučednická smrt a ostudné spasení

Když nastane čas, odmítne přijmout znamení 666 a bude následně odvedena k mučení těmi, kdo jsou pod vládou satana. Vrstvu po vrstvě s ní stáhnou kůži. Sežehnou ohněm i ty nejměkčí a nejintimnější části jejího těla. Vymyslí k jejímu mučení co nejbolestivější metodu, která bude zároveň i tou nejdelší. Brzy se místnost naplní pachem spáleného masa. Její tělo bude od hlavy až k patě ušpiněné krví, její hlava obrácena směrem dolů a její tvář zbarvena do tmavě modré barvy, podobající se mrtvole.

Jestliže dokáže snést toto mučení až do konce, obdrží navzdory svým nesčetným hříchům a špatnostem v minulosti alespoň ostudné spasení a vstoupí do ráje. V ráji, na předměstí nebe a na nejvzdálenějším místě od Božího trůnu, bude tato žena naříkat a slzet za své skutky v tomto životě. Samozřejmě, že bude vděčná a bude se radovat z toho, že byla spasena. Nadcházející věky však bude litovat a toužit po novém Jeruzalémě: „Kéž bych byla opustila zlo a konala upřímně uloženou Boží povinnost. Byla bych teď v nejslavnějším místě uvnitř nového Jeruzaléma..." Když uvidí lidi, které znala v tomto životě, jak žijí v novém Jeruzalémě, bude se cítit zahanbeně a trapně.

Přijme-li znamení 666

Pokud nevydrží mučení a přijme znamení šelmy, bude před miléniem vhozena do dolního podsvětí a potrestána ukřižováním na kříži v pravé zadní části od Jidáše Iškariotského. Její trest v dolním podsvětí je opakováním mučení, kterého se jí dostalo během velikého soužení. V průběhu tisíce let bude z jejího těla opakovaně stahována kůže a části těla sežehnuty ohněm.

Ženu budou mučit poslové pekla a všichni ti, kdo páchali zlo tím, že ji následovali. Ti jsou také potrestáni podle svých zlých skutků a vylévají si na ni svou bolest a vztek.

Tímto způsobem budou v dolním podsvětí podstupovat trest až do konce milénia. Až skončí soud, půjdou tyto duše do pekla, kde hoří oheň a síra a kde je čeká ještě přísnější trest.

4. Kristův druhý příchod a milénium

Jak bylo uvedeno výše, Ježíš Kristus se vrátí v oblacích a ti, kdo budou vzati vzhůru, se s ním budou sedm let radovat na svatební hostině, zatímco na zemi bude probíhat veliké soužení za účasti zlých duchů, kteří budou vyhnáni z oblak.

Potom se Ježíš Kristus vrátí na zem a začne milénium. Během této doby budou zlí duchové uvězněni v propasti. Ti, kdo se zúčastnili sedmileté svatební hostiny a ti, kdo zemřeli mučednickou smrtí během velikého soužení, budou tisíc let vládnout nad zemí a sdílet lásku s Ježíšem Kristem.

> *To je první vzkříšení. Blahoslavený a svatý, kdo má podíl na prvním vzkříšení! Nad těmi druhá smrt nemá moci, nýbrž Bůh a Kristus je učiní svými kněžími a budou s ním kralovat po tisíc let* (Zjevení 20:6).

Během milénia bude na zemi rovněž žít malé množství lidí, kteří přežili veliké soužení. Nicméně ti, kteří již zemřeli, aniž by získali spasení, budou v dolním podsvětí stále podstupovat svůj trest.

Tisícileté království

Když nastane milénium, lidé zažijí pokojný život podobný životu v zahradě Eden, protože zde nebude žádný zlý duch. Ježíš Kristus a spasení, duchovní lidé, budou žít ve městě podobajícím se královským zámkům, odděleně od lidí těla. Duchovní lidé žijí tedy ve městě a lidé těla, kteří přežili veliké soužení, žijí mimo toto město.

Před miléniem Ježíš Kristus zemi vyčistí. Pročistí znečištěný vzduch a obnoví stromy, rostliny, hory a potoky. Stvoří překrásné prostředí.

Lidé těla velmi často a jak jen to jde usilují o plození potomků, protože jich zde zůstalo jen málo. Čistý vzduch a nepřítomnost zlých duchů nedávají žádný prostor nemocem a zlu. Během této doby se neprojevuje nepoctivost a zlo v srdcích lidí těla, protože zlí duchové, kteří jsou původci zla, jsou uvězněni v propasti.

Podobně jako za dnů Noeho se lidé budou dožívat stovek let. Země se za tisíc let brzy naplní bezpočtem lidí. Lidé nejedí maso, ale ovoce, protože vůbec nedochází k ničení života.

Kromě toho jim zabere spoustu času dosáhnout takové úrovně vědeckého pokroku jako máme dnes, protože většina civilizace byla zničena ve válkách během velikého soužení. Jak plyne čas, úroveň jejich civilizace postupně dosahuje zhruba dnešní úrovně, protože jejich moudrost a znalosti rostou.

Duchovní lidé a lidé těla přebývají spolu

Pro duchovní lidi žijící s Ježíšem Kristem na zemi není nutné jíst způsobem, jakým jedí lidé těla, protože těla prvně jmenované skupiny již byla přeměněna ve vzkříšená, duchovní těla. Obvykle konzumují vůni květin a podobně, ale když chtějí, mohou mít stejné jídlo jako lidé těla. Duchovní lidé však nemají z fyzického jídla požitek a třebaže ho jedí, nevylučují exkrementy takovým způsobem jako lidé těla. Tak jako dýchal vzkříšený Ježíš potom, co si dal kus ryby, se jídlo, které konzumují duchovní lidé, rozkládá do vzduchu skrze dýchání.

Duchovní lidé lidem těla rovněž kážou a svědčí jim o Ježíši Kristu, aby na konci milénia, až budou zlí duchové osvobozeni z propasti, lidé těla nebyli uvedeni do pokušení. Je to doba před soudem, takže Bůh neuvěznil zlé duchy do propasti natrvalo, ale pouze na tisíc let (Zjevení 20:3).

Na konci milénia

Když skončí milénium, budou zlí duchové, kteří byli uvězněni v propasti na tisíc let, vypuštěni. Začnou svádět a klamat lidi těla, kteří žili v pokoji. Většinu lidí těla svedou a oklamou bez ohledu na to, jak moc je o tom duchovní lidé vyučovali. I když je duchovní lidé podrobně varovali před věcmi, které nastanou, lidé těla jsou přesto sváděni a plánují postavit se a vést válku proti duchovním lidem.

Až se dovrší tisíc let, bude satan propuštěn ze svého

žaláře a vyjde, aby oklamal národy ve všech čtyřech úhlech světa, Góga i Magóga. Shromáždí je k boji a bude jich jako písku v moři. Viděl jsem, jak vystoupili po celé šíři země a obklíčili tábor svatých a město, které miluje Bůh. Ale sestoupil oheň z nebe a pohltil je (Zjevení 20:7-9).

Bůh však lidi těla, kteří vedou válku, zničí ohněm a po soudu u velkého bílého trůnu vhodí zlé duchy, kteří byli vypuštěni, zpět do propasti.

Nakonec budou lidé těla, kteří se během milénia rozmnožili, rovněž souzeni podle Boží spravedlnosti. Na jednu stranu jsou všichni lidé, kteří nezískali spasení – a mezi kterými jsou i ti, kdo přežili sedmileté veliké soužení – vrženi do pekla. Na druhou stranu ti, kdo získali spasení, vstoupí do nebe a podle své víry budou pobývat na různých místech nebe, např. v novém Jeruzalémě, ráji a tak dále.

Po soudu u velkého bílého trůnu bude duchovní svět rozdělen na nebe a peklo. Dále to vysvětlím v následující kapitole.

5. Příprava na to stát se Pánovou překrásnou nevěstou

Abyste se vyhnuli tomu, že zůstanete při velikém soužení zanecháni na zemi, musíte se připravovat jako překrásná nevěsta Ježíše Krista a přivítat ho při jeho příchodu.

Matouš 25:1-13 vypráví podobenství o deseti družičkách,

které slouží jako veliká lekce pro všechny věřící. I když můžete vyznávat svou víru v Boha, nebudete moci přivítat svého ženicha Ježíše Krista, pokud nebudete mít dostatek oleje ve svých lampách. Pět družiček si připravilo svůj olej, takže mohly přivítat svého ženicha a vejít na svatební hostinu. Ostatních pět družiček si olej nepřipravilo a nemohly se k hostině připojit.

Jak se tedy můžeme připravit podobně jako pět rozumných družiček, stát se Pánovou nevěstou, vyhnout se velikému soužení a namísto toho se zúčastnit svatební hostiny?

Vroucně se modlete a buďte ostražití

I když jste novými věřícími a máte slabou víru, pokud děláte všechno proto, abyste obřezali své srdce, Bůh vás ochrání třeba i vprostřed zkoušek ohněm. Nezáleží na tom, jak obtížné jsou okolnosti, Bůh vás ovine přikrývkou života a nechá vás lehce překonat každou překážku.

Bůh nicméně nemůže ochránit ty, kteří byli věřícími po dlouhou dobu, konali Bohem uložené povinnosti a znají velmi mnoho z Božího slova, pokud se přestanou modlit, přestanou mít chuť se očišťovat a přestanou obřezávat své srdce.

Když čelíte obtížím, musíte být schopni rozpoznat hlas Ducha svatého, abyste je překonali. Jestliže se však nemodlíte, jak budete naslouchat hlasu Ducha svatého a vést vítězný život? Když nejste zcela naplněni Duchem svatým, postupně začnete spoléhat na své vlastní myšlení a svedeni satanem občas klopýtnete.

Navíc nyní, když se blížíme ke skonání věků, zlí duchové

obcházejí jako lev řvoucí a hledají, koho by pohltili, protože vědí, že jejich konec se rovněž blíží. Ve dnech, kdy se blíží zkoušky, často vidíme zahálčivého studenta, jak se bifluje a zapomíná na spánek. Podobně, jestliže jste věřícími, kteří jsou si vědomi toho, že žijeme ve dnech směřujících ke skonání věků, musíte být ostražití a připravovat se na to, abyste se stali překrásnou Pánovou nevěstou.

Opusťte špatnost a podobejte se Pánu

Jací lidé jsou ostražití? Ti, kteří se pořád modlí, jsou vždy plni Ducha svatého, věří v Boží slovo a žijí podle něj.

Když se po celou dobu máte na pozoru, budete vždy komunikovat s Bohem, a tak nebudete svedeni zlými duchy. Navíc dokážete snadno překonat jakoukoliv zkoušku, protože Duch svatý vás nutí předem si uvědomovat věci, které přijdou, vede vaši stezku a umožňuje vám uvědomovat si slovo pravdy.

Avšak ti, kdo nejsou ostražití, nemohou slyšet hlas Ducha svatého, takže jsou snadněji sváděni satanem a jdou stezkou smrti. Být ostražitý znamená obřezávat své srdce, chovat se a žít podle Božího slova a stávat se posvěceným.

Zjevení 22:14 nám říká: *„Blaze těm, kdo si vyprali roucha, a tak mají přístup ke stromu života i do bran města.“* V této pasáži se „roucha“ vztahují na formální oděv. V duchovním slova smyslu „roucha“ znamenají vaše srdce a vaše chování. „Vyprat své roucho“ symbolizuje opuštění zla a následování Božího slova, abychom se stali duchovními lidmi a více se podobali Ježíši Kristu. Ti, kdo jsou tímto způsobem posvěceni, získávají právo vstoupit do nebeských bran a těšit se z věčného života.

Lidé, kteří perou svá roucha ve víře

Jak můžeme úplně vyprat svá roucha? Musíte nejprve obřezat své srdce slovem pravdy a vroucnou modlitbou. Jinými slovy, musíte ze svého srdce odhodit veškerou nepravdu a špatnost a naplnit ho pouze pravdou. Zrovna jako perete špínu na svém oblečení v čisté vodě, měli byste Božím slovem, živou vodou, smýt špinavé hříchy, zločinnost a špatnost ze svého srdce a obléci si roucho pravdy a vaše srdce by se mělo podobat srdci Ježíše Krista. Bůh požehná každému, kdo projevil víru skutky a obřezal své srdce.

Zjevení 3:5 nám říká: „*Kdo zvítězí, bude oděn bělostným rouchem a jeho jméno nevymažu z knihy života, nýbrž přiznám se k němu před svým Otcem a před jeho anděly.*“ Lidé, kteří vírou vítězí nad světem a chodí v pravdě, se budou těšit z věčného života v nebi, protože mají srdce pravdy a není v nich nalezeno žádné zlo.

Naopak lidé, kteří přebývají v temnotě, nemají nic co do činění s Bohem bez ohledu na to, jak dlouho byli křesťany, protože podle jména jsou živí, ale jsou mrtví (Zjevení 3:1). Proto svou naději vždy vkládejte pouze v Boha, který nás nesoudí podle našeho vzhledu, ale zkoumá jen naše srdce a skutky. Také se stále modlete a zachovávejte Boží slovo, abyste mohli dosáhnout dokonalého spasení.

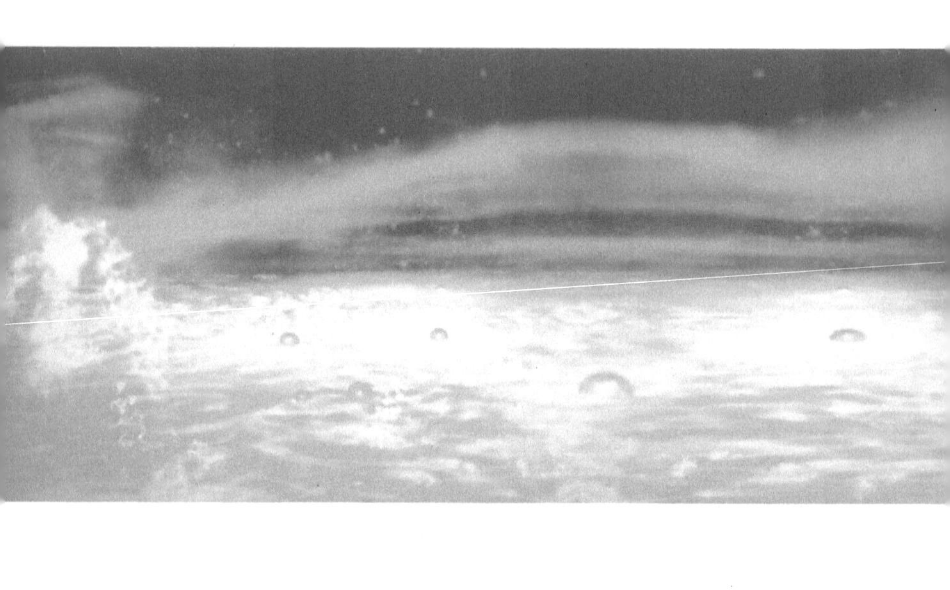

Kapitola 8

Tresty v pekle po velikém soudu

1. Nespasené duše propadnou po soudu peklu
2. Hořící jezero a jezero, kde hoří síra
3. Někteří zůstávají v dolním podsvětí i po soudu
4. Zlí duchové uvězněni v propasti
5. Kde skončí démoni?

„[V pekle], kde jejich červ neumírá a oheň nehasne.
Každý bude solen ohněm."
- Marek 9:48-49 -

„Jejich svůdce ďábel byl uvržen do jezera,
kde hoří síra a kde je již dravá šelma i falešný prorok.
A budou trýzněni dnem i nocí na věky věků."
- Zjevení 20:10 -

Kristovým příchodem na zem začíná milénium a po něm následuje soud u velkého bílého trůnu. Soud – který stanoví nebe nebo peklo a odměnu nebo trest – odsoudí každého podle toho, co ve svém životě vykonal. A tak se někteří budou těšit z věčného štěstí v nebi a jiní budou navždy potrestáni v pekle. Ponořme se nyní hlouběji do přemýšlení o soudu u velkého bílého trůnu, u kterého se rozhodne o nebi nebo o pekle a přemýšlejme rovněž o tom, jakým místem peklo je.

1. Nespasené duše propadnou po soudu peklu

V červenci 1982, když jsem se modlil a připravoval na začátek své služby, jsem se dozvěděl podrobnosti o soudu u velkého bílého trůnu. Bůh mi zjevil scénu, ve které seděl na svém trůnu, před trůnem stáli Pán Ježíš Kristus a Mojžíš a okolo trůnu byli lidé hrající roli poroty. I když Bůh soudí s přesností a spravedlivostí, které nelze najít u žádného soudce na světě, vydává rozhodnutí spolu s Ježíšem Kristem, který slouží jako advokát lásky, Mojžíšem jako žalobcem podle zákona a lidmi jako členy poroty.

U soudu se rozhoduje o trestech v pekle

Zjevení 20:11-15 nám říká, jak Bůh soudí s přesností a spravedlivostí. Soud se koná spolu s otevřením knihy života, ve které jsou zapsána jména spasených lidí a s otevřením knih, ve kterých jsou zaznamenány všechny skutky lidí.

> *„A viděl jsem veliký bělostný trůn a toho, kdo na něm seděl; před jeho pohledem zmizela země i nebe a už pro ně nebylo místa. Viděl jsem mrtvé, mocné i prosté, jak stojí před trůnem, a byly otevřeny knihy. Ještě jedna kniha byla otevřena, kniha života. A mrtví byli souzeni podle svých činů zapsaných v těch knihách. Moře vydalo své mrtvé, i smrt a její říše vydaly své mrtvé, a všichni byli souzeni podle svých činů. Pak smrt i její říše byly uvrženy do hořícího jezera. To je druhá smrt: hořící jezero. A kdo nebyl zapsán v knize života, byl uvržen do hořícího jezera."*

„Mrtvými" se zde mají na mysli všichni ti, kdo nepřijali Krista jako svého Spasitele nebo mají mrtvou víru. Když nastane čas, který si Bůh zvolí, „mrtví" oživnou a postaví se před Boží trůn, kde budou souzeni. Před Božím trůnem bude otevřena kniha života.

Kromě knihy života, ve které jsou zapsána jména všech spasených lidí, existují další knihy, ve kterých jsou zaznamenány všechny skutky mrtvých. Andělé zaznamenávají všechno, co děláme, říkáme a o čem přemýšlíme, např. když někoho proklejeme, udeříme, rozhněváme se, uděláme něco dobrého atd. Zrovna jako můžeme pomocí videokamery nebo různých druhů nahrávacích zařízení pořídit na dlouhou dobu živý záznam určitých událostí a rozhovorů, všemohoucí Bůh rovněž zachovává každou scénu z našeho života na zemi.

A tak bude Bůh v den soudu soudit spravedlivě podle záznamů v těchto knihách. Ti, kdo nejsou spaseni, budou souzeni podle svých zlých skutků a obdrží různé druhy trestů podle vážnosti svých hříchů, kterými budou trpět ve věčném pekle.

Hořící jezero a jezero, kde hoří síra

Část „moře vydalo své mrtvé" neznamená, že moře vydalo ty, kdo se v něm utopili. „Moře" zde v duchovním slova smyslu znamená svět. Má se tím na mysli, že ti, kdo žili na světě a navrátili se v prach, budou vzkříšeni, aby mohli být před Bohem souzeni.

Co tedy znamená: „Smrt a její říše vydaly své mrtvé?" Má se tím na mysli, že ti, kdo trpěli v dolním podsvětí, budou rovněž vzkříšeni a postaví se před Boha, aby byli souzeni. Potom, co budou Bohem souzeni, většina z těch, kdo trpěli v dolním podsvětí, bude podle vážnosti svých hříchů uvržena do hořícího jezera nebo do jezera, kde hoří síra, protože, jak bylo uvedeno výše, tresty v dolním podsvětí trvají, dokud nedojde k soudu u velkého bílého trůnu.

> *Avšak zbabělci, nevěrní, nečistí, vrahové, cizoložníci, zaklínači, modláři a všichni lháři najdou svůj úděl v jezeře, kde hoří oheň a síra. To je ta druhá smrt* (Zjevení 21:8).

Tresty v hořícím jezeře rozhodně nelze srovnávat s tresty v

dolním podsvětí. Jak je popsáno v Markovi 9:47-49: *„A jestliže tě svádí oko, vyloupni je; je lépe pro tebe, vejdeš-li do Božího království jednooký, než abys byl s oběma očima uvržen do pekla, ‚kde jejich červ neumírá a oheň nehasne.' Každý bude solen ohněm."* Kromě toho je jezero, kde hoří síra, sedmkrát rozpálenější než hořící jezero.

Než nastane soud, lidi v dolním podsvětí, které slouží jako čekárna na cestě do pekla, okousává hmyz, ohryzávají zvířata, mučí poslové pekla nebo zde lidé trpí jinými nejrůznějšími tresty. Po soudu zůstane pouze bolest v hořícím jezeře a v jezeře, kde hoří síra.

Utrpení v hořícím jezeře nebo v jezeře, kde hoří síra

Když jsem pronesl poselství o těchto strašných viděních dolního podsvětí v naší církvi, bylo pro mnoho členů naší církve těžké zadržet slzy nebo se chvěli nářkem kvůli těm, kteří jsou na tomto žalostném místě. Nicméně, utrpení z trestů v hořícím jezeře nebo v jezeře, kde hoří síra, je mnohem horší než jakýkoliv trest v dolním podsvětí. Dokážete si alespoň trochu představit rozsah tohoto mučení? I když se o to snažíme, existuje pro nás, kdo jsme stále v těle, hranice, která nás omezuje v chápání duchovního pojetí.

Jak tedy můžeme do nejvyšší míry rozumět slávě a nádheře nebe? Samotné slovo „věčnost" není nic, s čím bychom byli dobře obeznámeni a jsme nuceni se pouze domnívat, co znamená. Třebaže se snažíme představit si život v nebi založený na „radosti," „štěstí," „okouzlení," „nádheře" a podobně, nelze to srovnávat se skutečným životem, který budeme jednoho dne žít v nebi. Když vejdete skutečně do nebe a uvidíte všechno na vlastní oči a zakusíte tamní život, spadne vám čelist a oněmíte úžasem. Podobně, dokud skutečně nezažijeme mučení v pekle, nikdy plně neporozumíme velikosti a rozsahu mučení, které přesahuje hranice tohoto světa.

Ti, kdo budou vrženi do hořícího jezera nebo do jezera, kde hoří síra

Třebaže se o to maximálně snažím, prosím pamatujte na to, že peklo není místo, které se dá dostatečně popsat slovy tohoto světa a i když se opravdu snažím vysvětlovat vše podle svých nejlepších schopností, můj popis činí méně než jednu milióntinu hrůzy reality pekla. Navíc, když si odsouzené duše vzpomenou, že délka mučení není omezená, ale bude trvat věčně, nutí je to trpět ještě více.

Po soudu u velkého bílého trůnu budou ti, kdo obdrželi v dolním podsvětí tresty první a druhé úrovně, vhozeni do hořícího jezera. Ti, kdo obdrželi tresty třetí a čtvrté úrovně, budou vhozeni do jezera, kde hoří síra. Duše, které jsou nyní v dolním podsvětí, vědí, že soud ještě přijde a vědí, kde budou po soudu. Třebaže je trhá hmyz a poslové pekla na kousky, tyto duše mohou zdálky vidět hořící jezero a jezero, kde hoří síra a jsou si dobře vědomy toho, že zde budou pykat svůj trest.

A tak duše v dolním podsvětí trpí nejenom svou nynější bolestí, ale také psychickým mučením ve formě strachu z věcí, které nastanou po soudu.

Nářek duše v dolním podsvětí

Když jsem se modlil za to, ať mi Bůh dá zjevení o pekle, Bůh mě skrze Ducha svatého nechal slyšet nářek duše z dolního podsvětí. Když jsem zapisoval každé slovo tohoto nářku, snažil jsem se alespoň trochu vcítit do strachu a zoufalství pohlcujících tuto duši.

Jak toto může být obraz lidské bytosti?
Takhle jsem ve svém životě na zemi nevypadal.
Můj vzhled tady je otřesný a odporný!

Jak můžu být osvobozen
z této nekonečné bolesti a zoufalství?
Co mohu udělat, abych z toho unikl?
Mohu zemřít? Co si jen počnu?
Mohu si vprostřed tohoto věčného trestu
aspoň na chvíli odpočinout?
Existuje nějaká cesta, jak zkrátit tento život
v tak nesnesitelné bolesti?

Zranil jsem se, abych se zabil, ale nemohu zemřít.
Není zde konec...není zde prostě žádný konec...
Neexistuje konec mučení mé duše.
Neexistuje konec mého trvalého života.
Jak to jen popsat slovy?
Brzy budu vhozen do širokého
a nekonečně hlubokého hořícího jezera.

Jak to jen vydržím?

Mučení zde je tak nesnesitelné!
Toto běsnící hořící jezero je
tak děsivé, hluboké a horké.
Jak to jen vydržím?
Jak z toho mohu uniknout?
Jak mohu vůbec uniknout před tímto mučením?

Kéž bych mohl žít...
Kéž by zde pro mě existoval způsob, jak žít...
Kéž bych mohl být osvobozen...
Mohl bych alespoň hledat cestu ven,
ale nevidím ji.

Je tady jenom temnota, zoufalství a bolest
a cítím zde pouze pocit marnosti a strádání.
Jak snesu toto mučení?
Kéž by Bůh otevřel dveře vedoucí k životu...
Kéž bych viděl cestu ven z toho všeho...

Prosím, spas mě. Prosím, spas mě.
Je pro mě příliš hrozné a těžké to snášet.
Prosím, spas mě. Prosím, spas mě.
Mé dny až dodnes byly bolestné a zraňující.
Jak jenom můžu jít do tohoto ohnivého jezera?
Prosím, spas mě!
Prosím, podívej se na mě!

Prosím, spas mě!
Prosím, měj se mnou slitování!
Prosím, spas mě!
Prosím, spas mě!

Jakmile jste vhozeni do dolního podsvětí

Až skončí náš život na této zemi, nikdo nedostane „druhou šanci." Očekává vás pouze to, že si ponesete břemeno svých každodenních skutků.

Když lidé slyší o existenci nebe a pekla, říkají: „Zjistím to, až zemřu." Jakmile však zemřete, je na to příliš pozdě. Sotvaže jednou zemřete, není zde žádného návratu, proto to musíte s jistotou vědět předtím, než zemřete.

Jakmile jste jednou vhozeni do dolního podsvětí, nezáleží na tom, jak moc litujete svých skutků, činíte z nich pokání a prosíte Boha o pomoc, nemůžete již uniknout nevyhnutelnému a strašnému trestu. Pro vaši budoucnost neexistuje žádná naděje, ale pouze nekonečné mučení a zoufalství.

Duše, která naříká o pár řádků výše, si příliš dobře uvědomuje, že neexistuje cesta ani možnost dosáhnout spasení. Duše však přesto naříká k Bohu „jen pro případ." Tato duše úpěnlivě prosí o milost a o spasení. Nářek této duše se mění v pronikavý brekot a tento křik pouze krouží prostorem pekla, až se v něm nakonec ztratí. Samozřejmě bez odezvy.

Pokání lidí z dolního podsvětí však není upřímné a opravdové, třebaže zdánlivě činí pokání tak politováníhodným způsobem. Protože špatnost v jejich srdci stále přetrvává a oni vědí, že jejich křik je marný, vychází z nich nakonec více zla a proklínají Boha. Především nám to zjevně ukazuje, proč takoví jedinci nemohli vejít do nebe.

2. Hořící jezero a jezero, kde hoří síra

V dolním podsvětí mohou duše alespoň úpěnlivě prosit, dělat si výčitky, naříkat a ptát se samy sebe: „Proč jsem tady?" Rovněž mají strach z hořícího jezera a přemýšlejí o způsobech, jak uniknout mučení: ‚Jak jen mohu uniknout tomuto poslovi pekla?'

Jakmile však jsou jednou vhozeny do hořícího jezera, nemohou kvůli mučivé a nekonečné bolesti myslet na nic jiného. Tresty v dolním podsvětí byly ve srovnání s těmi, které na ně čekají v hořícím jezeře, relativně lehké. Tresty v hořícím jezeře jsou také nepředstavitelně bolestivé. Je velmi mrzuté, že tomu díky našim omezeným možnostem nedokážeme porozumět ani si to nedokážeme představit.

Pokud si chcete alespoň trochu představit toto mučení, dejte na rozpálenou pánev ke smažení sůl. Uvidíte, jak sůl praská a to se podobá scéně v hořícím jezeře: duše jsou jako praskající sůl.

Také si představte, že jste v hluboké vařící vodě o teplotě 100°C. Hořící jezero je mnohem rozpálenější než vařící voda a jezero, kde hoří síra, je sedmkrát rozpálenější než hořící jezero. Jakmile jste do něj jednou vhozeni, neexistuje úniková cesta a budete zde trpět navěky. Tresty první, druhé, třetí a čtvrté úrovně v dolním podsvětí ještě před soudem se dají snést mnohem snadněji.

Proč tedy Bůh nechává duše trpět v dolním podsvětí po dobu tisíce let, než je vrhne do hořícího jezera a jezera, kde hoří síra? Nespasení lidé o sobě budou přemítat. Bůh chce, aby přišli na to, z jakých důvodů byli určeni na tak žalostné místo jako je peklo a činili úplné pokání z hříchů své minulosti. Je však mimořádně obtížné nalézt lidi, kteří činí pokání a spíše z nich nevychází více zla než kdykoliv předtím. Nyní víme, proč musel Bůh vytvořit peklo.

Solen ohněm v hořícím jezeře

Zatímco jsem se v roce 1982 modlil, Bůh mi zjevil scénu odehrávající se u soudu před velkým bílým trůnem a také krátce hořící jezero a jezero, kde hoří síra. Tato dvě jezera byla velmi rozlehlá.

Z dálky tato dvě jezera a duše v nich vypadaly jako lidé v horkých pramenech. Někteří lidé byli ponořeni po hrudník, zatímco jiní byli ponořeni po krk a vyčnívala jim jen hlava.

V Markovi 9:48-49 mluvil Ježíš o pekle jako o místě „*kde jejich červ neumírá a oheň nehasne. Každý bude solen ohněm.*“ Dokážete si představit bolest v tak strašném prostředí? Jak se tyto duše snaží uniknout, všechno, na co se zmůžou, je poskakovat jako praskající sůl a skřípat zubama.

Někdy lidé na tomto světě poskakují nahoru a dolů, když pozdě v noci hrají nebo tancují v klubech. Po chvíli se unaví a když potřebují, odpočinou si. V pekle však duše neposkakují pro zábavu, ale kvůli mimořádné bolesti a samozřejmě, že na ně nečeká žádný odpočinek, i kdyby stokrát chtěly. Křičí bolestí tak hlasitě, že dostávají závratě a jejich lesklé oči se barví do tmavě modré barvy a podlévají se krví. Kromě toho jim praská mozek a tekutý obsah vytéká ven.

Nezáleží na tom, jak zoufale se snaží, duše se zkrátka nemohou dostat ven. Strkají do sebe a šlapou jedna po druhé, ale vše je marné. Každý coul hořícího jezera, jehož jeden konec se nedá dohlédnou z druhého, si udržuje stejnou teplotu a teplota jezera ani s postupujícím časem neklesá. Až do soudu u velkého bílého trůnu bylo dolní podsvětí ovládáno příkazy Lucifera a všechny tresty se udělovaly v souladu s Luciferovou mocí a svolením.

Po soudu však bude tresty udělovat Bůh a budou řízeny podle jeho prozíravosti a moci. A tak se teplota celého hořícího jezera může pořád udržovat na stejné úrovni.

Tento oheň bude duším působit utrpení, ale nezabije je. Zrovna jako se v dolním podsvětí části těla duší obnovují i potom, co byly uřezány nebo roztrhány na kusy, těla duší v pekle se rychle obnovují brzy potom, co byla sežehnuta.

Spálení celého těla a orgánů v něm

Jak jsou potrestány duše v hořícím jezeře? Sledovali jste někdy scénu z humorné knihy, animovaného filmu nebo kresleného seriálu v televizi, ve které je nějaká postava zasažena elektrickým proudem o „vysokém napětí?“ Ve chvíli, kdy je zasažena, promění se její tělo v kostru s tmavým obrysem obklopujícím její tělo. Když je z elektrického proudu uvolněna, jeví se postava zase normálně. Nebo třeba rentgenové snímky, které ukazují vnitřní části lidského těla.

Podobným způsobem se v jednu chvíli ukazují duše v hořícím jezeře ve své fyzické podobě. V následující chvíli nejsou těla nikde vidět a viditelný je pouze jejich duch. Tento model se neustále opakuje. Ve spalujícím ohni se v okamžiku duše spálí a zmizí a pak se brzy obnoví.

Když na tomto světě utrpíte popáleniny třetího stupně, nejste schopni snést pocit dušení po celém těle a šílíte z toho. Nikdo jiný nedokáže pochopit stupeň této bolesti, dokud ji sám nezažije. Nejste schopni snést bolest, i kdyby jste si popálili pouze paže.

Obecně pocit dušení neodezní brzy po spálení těla, ale přetrvává několik dní. Žár ohně pronikne do těla a poškodí buňky, někdy dokonce i srdce. O co bolestivější bude, když dojde ke spálení všech částí vašeho těla a vnitřních orgánů jen proto, aby se obnovily a byly sežehnuty znovu?

Duše v hořícím jezeře nedokážou snést bolest, ale nemohou omdlít, zemřít ani si na chvíli odpočinout.

Jezero, kde hoří síra

Hořící jezero je místo, kde jsou potrestáni ti, kdo se dopustili relativně lehčích hříchů a trpěli v dolním podsvětí trestem první nebo druhé úrovně. Ti, kdo spáchali těžší hříchy a trpěli v dolním podsvětí trestem třetí a čtvrté úrovně, budou vhozeni do jezera, kde hoří síra a které je sedmkrát rozpálenější než hořící jezero. Jak je uvedeno výše, jezero, kde hoří síra, je vyhrazeno pro následující lidi: ty, kdo mluvili proti Duchu svatému, postavili se proti němu a rouhali se proti němu; ty, kdo znovu a znovu křižovali Ježíše Krista; ty, kdo ho zradili; ty, kdo setrvávali v úmyslném hřešení; extrémní modláře; ty, kdo hřešili i potom, co bylo označeno jejich svědomí; všechny ty, kdo se zlými skutky postavili proti Bohu; falešné proroky a učitele, kteří vyučovali lži.

Celé hořící jezero je plné „červeného" ohně. Jezero, kde hoří síra, je plné spíše „žlutého" než „červeného" ohně a neustále vře, přičemž tu a tam tvoří bubliny o velikosti dýně. Duše jsou v tomto jezeře zcela ponořeny ve vařící tekutině hořící síry.

Zaplaveny bolestí

Jak se jen dá vypovědět bolest duší v jezeře, kde hoří síra a které je sedmkrát rozpálenější než hořící jezero, ve kterém je bolest naprosto nepředstavitelná?

Dovolte mi to vysvětlit pomocí analogie věcí na tomto světě. Jestliže by někdo musel vypít tekutinu, která rozpouští železo ve vysoké peci, jak velkou bolest by mu to způsobilo? Vnitřní orgány tohoto člověka se spálí, jakmile žár, dostatečně horký k tomu, aby rozpustil tvrdé železo v tekutinu, vstoupí do jeho žaludku skrze hrdlo.

V hořícím jezeře mohou duše alespoň poskakovat nebo křičet bolestí. V jezeře, kde hoří síra, však duše nemohou sténat ani přemýšlet, ale jsou bolestí zcela přemoženy. Stupeň mučení a utrpení, které musí duše v jezeře, kde hoří síra, snést, se nedá popsat žádnými gesty ani slovy. Navíc musí duše trpět věčně. Jak potom vůbec lze tento druh mučení popsat slovy?

3. Někteří zůstávají v dolním podsvětí i po soudu

Spasení lidé ze starozákonní doby byli v horním podsvětí do doby, než byl vzkříšen Ježíš Kristus a po jeho vzkříšení vstoupili do ráje a budou čekat v čekárně v ráji do té doby, než proběhne Ježíšův druhý příchod v oblacích. Na jednu stranu se spasení lidé z novozákonní doby po tři dny přizpůsobují v horním podsvětí, pak vstupují do čekárny v ráji a čekají zde do druhého příchodu Ježíše Krista v oblacích.

Nicméně, nenarozené děti, které zemřou v lůně své matky, nejdou do ráje ani po vzkříšení Ježíše Krista ani po velikém soudu. Pobývají v horním podsvětí navždy.

Podobně existují výjimky i mezi těmi, kteří nyní trpí v dolním podsvětí. Tyto duše nejsou po velikém soudu vhozeny ani do hořícího jezera ani do jezera, kde hoří síra. O koho jde?

Děti, které zemřou před pubertou

Mezi nespasenými jsou plody, u kterých došlo k potratu po šesti a více měsících těhotenství a děti v předpubertálním věku, do věku okolo dvanácti let. Tyto duše nejsou vrženy do hořícího jezera ani do jezera, kde hoří síra. To proto, že i když přicházejí do dolního podsvětí kvůli své vlastní špatnosti, v době své smrti nejsou dostatečně zralé k tomu, aby měly svou samostatnou vůli.

To znamená, že jejich život ve víře nebyl nezbytně cestou, kterou by si vybraly, protože mohly být snadno ovlivněny vnějšími faktory jako svými rodiči, předky a prostředím.

Spravedlivý Bůh lásky bere tyto faktory v úvahu a nenechává je uvrhnout do hořícího jezera nebo do jezera, kde hoří síra ani potom, co proběhne soud. To však neznamená, že se jejich trest zkrátí nebo že zmizí. Budou věčně potrestány způsobem, jakým byly potrestány v dolním podsvětí.

Neboť mzdou hříchu je smrt

S výjimkou tohoto případu budou všichni lidé z dolního podsvětí vhozeni do hořícího jezera nebo do jezera, kde hoří síra podle hříchů, kterých se dopustili, zatímco byli tříbeni na této zemi. V Římanům 6:23 čteme: *„Mzdou hříchu je smrt, ale darem Boží milosti je život věčný v Kristu Ježíši, našem Pánu.“* „Smrt“ se zde nevztahuje na konec života na zemi, ale znamená věčný trest buď v hořícím jezeře nebo v jezeře, kde hoří síra. Strašlivé a bolestné utrpení věčného trestu je mzdou hříchu, a tak víte, že hřích je strašný, nečistý a ohavný.

Kdyby lidé věděli třeba jen málo o věčném trápení v pekle, jak by jen nemohli mít strach z toho do něj jít? Jak by pak nemohli přijmout Ježíše Krista, zachovávat Boží slovo a žít podle něj?

V Markovi 9:45-47 nám Ježíš pověděl následující slova:

A svádí-li tě k hříchu noha, utni ji; je lépe pro tebe, vejdeš-li do života chromý, než abys byl s oběma nohama uvržen do pekla, [kde jejich červ neumírá a oheň nehasne.] A jestliže tě svádí oko, vyloupni je; je lépe pro tebe, vejdeš-li do Božího království jednooký, než abys byl s oběma očima uvržen do pekla.

Jestliže se dopouštíte hříchů tím, že chodíte na místa, na která byste chodit neměli, je pro vás lepší utnout si nohy, než být uvrženi do pekla. Jestliže se dopouštíte hříchů tím, že děláte věci, které byste dělat neměli, je pro vás lepší utnout si ruce, než být uvrženi do pekla. Podobně, jestliže se dopouštíte hříchů tím, že se díváte na věci, na které byste se dívat neměli, je pro vás rovněž lepší vyloupnout si oko.

Nicméně, díky Boží milosti, která nám byla zdarma dána, si nemusíme utínat své ruce a nohy ani si vyloupávat oči, abychom vešli do nebe. To proto, že náš Beránek bez hříchu a viny, Pán Ježíš Kristus, byl ukřižován za nás, přibit na kříž skrze nohy a ruce a korunován trnovou korunou.

Boží Syn přišel, aby zmařil činy ďáblovy

Proto je každému, kdo uvěří v krev Ježíše Krista, odpuštěno, je osvobozen od trestu v hořícím jezeře nebo v jezeře, kde hoří síra a odměněn věčným životem.

1 Janův 3:7-9 nám říká: „*Dítky, ať vás nikdo neklame: Spravedlivý je ten, kdo činí spravedlnost – tak jako on je spravedlivý. Kdo však se dopouští hříchu, je z ďábla, protože ďábel od počátku hřeší. Proto se zjevil Syn Boží, aby zmařil činy ďáblovy. Kdo je narozen z Boha, nedopouští se hříchu,*

protože Boží símě v něm zůstává; ba ani nemůže hřešit, protože se narodil z Boha."

Hříchy jako krádež, vražda nebo podvod jsou více než skutek. Špatnost v něčím srdci je vážnější hřích. Bůh nenávidí špatnost v našem srdci. Nenávidí samotné špatné srdce, které soudí a odsuzuje druhé, špatné srdce, které nenávidí a klopýtá a špatné srdce, které je vychytralé a zrádné. Jak by nebe vypadalo, kdyby do něj mohli vstoupit a žít v něm lidé s takovýmto srdcem? I v nebi by se pak lidé přeli o pravdě a o zlu, proto Bůh nedopustí, aby špatní lidé vstoupili do nebe.

Proto, jestliže se stanete Božím dítětem zmocněným krví Ježíše Krista, nesmíte už více následovat nepravdu ani sloužit jako otrok ďáblu, ale žít v pravdě jako dítě Boha, který je světlem samotným. Až potom můžete mít všechnu slávu nebe, získat požehnání, abyste se těšili z autority Božího dítěte a mít úspěch i na tomto světě.

Nesmíte se dopustit hříchů vydávajících se za vaši víru

Bůh nás miluje natolik, že poslal svého milovaného, nevinného a jediného Syna, aby za nás zemřel na kříži. Dokážete si pak představit, jak hodně bude Bůh naříkat a zlobit se, když uvidí ty, kdo se prohlašují za „Boží děti," páchat pod vlivem ďábla hříchy a důrazně a rychle směřovat k peklu?

Žádám vás, abyste se nedopouštěli hříchů, ale zachovávali Boží příkazy a projevovali se jako vzácné Boží dítě. Když tak budete činit, přijdou odpovědi na všechny vaše modlitby mnohem rychleji a vy se stanete skutečným Božím dítětem a nakonec vstoupíte a budete žít ve slavném novém Jeruzalémě. Rovněž získáte moc a autoritu vyhánět temnotu z těch, kdo ještě neznají pravdu, stále se dopouštějí hříchů a stávají se otroky ďábla. Budete zmocněni k tomu dovést je k Bohu.

Kéž se stanete skutečným Božím dítětem, dostanete odpovědi na všechny své modlitby a prosby, oslavujete Boha a odvedete mnohé lidi z cesty směřující do pekla, takže budete moci dosáhnout Boží slávy a zářit v nebi jako slunce.

4. Zlí duchové uvězněni v propasti

Podle *Websterova slovníku (Webster's New World College Dictionary)* je termín „propast" definován jako „bezedná rokle," „strž" nebo „cokoliv, co je příliš hluboké na to, aby se to změřilo." V biblickém pojetí je propast nejhlubší a nejnižší část pekla. Je určena pouze pro zlé duchy, kteří jsou co se týče tříbení člověka bezvýznamní.

> *Tu jsem viděl, jak z nebe sestupuje anděl, který má v ruce klíč od propasti a veliký řetěz. Zmocnil se draka, toho dávného hada, toho ďábla a satana, na tisíc let jej spoutal, uvrhl do propasti, uzamkl ji a zapečetil, aby již nemohl klamat národy, dokud se nedovrší těch tisíc let. Potom musí být ještě na krátký čas propuštěn* (Zjevení 20:1-3).

Toto je popis doby před koncem sedmi let velikého soužení.

Po příchodu Ježíše Krista budou zlí duchové vládnout světu po dobu sedmi let, během kterých se rozpoutá třetí světová válka a jiné katastrofy po celém světě. Po velikém soužení nastane tisícileté království, během kterého budou zlí duchové uvězněni v propasti. Před koncem milénia budou na krátký čas zlí duchové osvobozeni a až bude skončen soud u velikého bílého trůnu, budou znovu uzamčeni v propasti, tentokrát nadobro. Lucifer a jeho služebníci ovládají svět temnoty, ale po velikém soudu budou nebe a peklo řízeny pouze Boží mocí.

Zlí duchové jsou pouhými nástroji pro tříbení člověka

Jaký trest bude v propasti udělen zlým duchům, kteří ztratí všechnu svou moc a autoritu?

Než budeme pokračovat dál, pamatujte si, že zlí duchové existují a slouží pouze jako nástroje určené ke tříbení člověka. Proč potom Bůh na zemi tříbí lidské bytosti, když jsou v nebi nespočetné nebeské zástupy a andělé? To proto, že Bůh touží po skutečných dětech, se kterými může sdílet svou lásku.

Dovolte mi uvést příklad. V průběhu korejské historie měla obvykle šlechta ve svých domácnostech mnoho služebnictva. Služebníci poslechli jakýkoliv příkaz, který jim jejich pán dal. A nyní, pán má marnotratné syny a dcery, kteří ho neposlouchají, ale dělají jen to, co se jim zlíbí. Znamená to, že pán bude milovat své poslušné služebníky více než své marnotratné děti? Nemůže si pomoci a miluje své děti, třebaže nemusí být zrovna nejposlušnější.

S Bohem je to stejné. Miluje lidské bytosti, které stvořil ke svému obrazu, bez ohledu na to, kolik poslušných nebeských zástupů a andělů má. Nebeské zástupy a andělé se více podobají robotům, kteří pouze dělají, co se jim řekne. A tak nejsou schopni sdílet s Bohem opravdovou lásku.

Samozřejmě tím nechci říci, že andělé a roboti jsou ve všech aspektech stejní. Na jednu stranu roboti dělají pouze to, co jim je nařízeno, nemají svobodnou vůli a nedokážou nic cítit. Na druhou stranu podobně jako lidské bytosti znají andělé pocity radosti a smutku.

Když cítíte radost nebo smutek, andělé nemají stejné pocity jako vy, ale pouze vědí, co je to, co cítíte vy. Proto, když chválíte Boha, andělé ho budou chválit s vámi. Když tančíte, abyste oslavili Boha, oni budou rovněž tančit a dokonce společně hrát na nástroje. Tato vlastnost je odlišuje od robotů. Avšak andělé a roboti jsou "stejní" v tom, že jim chybí svobodná vůle a dělají jen to, co jim bylo řečeno. Jsou vytvořeni a používají se pouze jako nástroje.

Podobně jako andělé nejsou zlí duchové nic jiného než nástroje používané k tříbení člověka. Jsou jako stroje, které nerozlišují dobré od zlého, vytvořené k určitým účelům a používají se k uskutečňování špatných záměrů.

Zlí duchové uvězněni v propasti

Zákon duchovního světa předepisuje, že „mzdou hříchu je smrt" a „co člověk zaseje, to také sklidí." Po velikém soudu budou duše v dolním podsvětí podle tohoto zákona trpět v hořícím jezeře nebo v jezeře, kde hoří síra. To proto, že si v době tříbení na zemi vybraly z vlastní svobodné vůle a na základě svých pocitů zlo.

Zlí duchové kromě démonů nejsou co se týče tříbení člověka významní. A tak jsou i po velikém soudu zlí duchové uvězněni ve tmavé a chladné propasti, opuštěni jako halda odpadků. To je pro ně nejpřiměřenější trest.

Boží trůn se nachází ve středu a na vrcholu nebe. Naopak, zlí duchové jsou uzamčeni v propasti, nejhlubším a nejtemnějším místě v pekle. Nemohou se v tmavé a chladné propasti pohodlně přemísťovat. Zlí duchové budou navěky uvězněni v pevné poloze, jakoby byli přimáčknuti obrovskými balvany.

Tito zlí duchové kdysi patřili do nebe a měli slavné povinnosti. Po svém pádu používali tito padlí andělé autoritu ve světě temnoty svým vlastním způsobem. Byli však ve válce, kterou vedli proti Bohu, poraženi a bylo po všem. Ztratili všechnu svou slávu a hodnotu nebeských bytostí. V propasti mají tito padlí andělé jako symbol prokletí a hanby zlomená křídla.

Duch je věčný a nesmrtelný. Zlý duch v propasti však nemůže ani pohnout prstem, nemá žádné pocity, vůli ani moc. Jsou jako vypnuté stroje nebo vyhozené loutky a vypadají, jako by zamrzli.

Někteří poslové pekla zůstávají v dolním podsvětí

K tomuto pravidlu existuje výjimka. Jak je zmíněno výše, děti zhruba do věku dvanácti let zůstanou v dolním podsvětí i po velikém soudu. A tak, aby trest těchto dětí mohl pokračovat, jsou k tomu nezbytní poslové pekla, kteří by ho řídili.

Tito poslové pekla nejsou uvězněni v propasti, ale zůstávají v dolním podsvětí. Vypadají jako roboti. Před soudem se občas zasmáli a užívali si pohledu na mučené duše, ale to nebylo proto, že by oni sami něco cítili. Bylo to ovládáno Luciferem, který měl lidské vlastnosti a který řídil posly pekla tak, aby projevovali emoce. Po velikém soudu je však již Lucifer neovládá, ale dělají svou práci bez jakýchkoliv emocí a pracují tedy jako stroje.

5. Kde skončí démoni?

Na rozdíl od padlých andělů, draků a jejich následovníků, kteří byli stvořeni před stvořením vesmíru, nejsou démoni duchovní bytosti. Byli kdysi lidskými bytostmi, učiněnými z prachu a měli ducha, duši a tělo jako my. Mezi těmi, kdo byli tříbeni na tomto světě, ale zemřeli, aniž by získali spasení, jsou tyto duše za zvláštních okolností vypuštěny na tento svět jako démoni.

Jak se tedy někdo stane démonem? Obvykle existují čtyři způsoby, skrze které se z lidí stanou démoni.

První je případ lidí, kteří zaprodali svého ducha a duši satanovi.

Lidé, kteří praktikují čarodějnictví a hledají pomoc a sílu u zlých duchů, aby uspokojili svou chamtivost a touhu, se mohou jako čarodějové po své smrti stát démony.

Druhý je případ lidí, kteří kvůli své vlastní špatnosti spáchali sebevraždu.

Jestliže lidé sami ukončili svůj život kvůli neúspěchu svého podnikání nebo z jiných důvodů a ignorovali Boží svrchovanost nad životem, mohou se stát démony. To však není to samé jako obětovat svůj život pro svou zemi nebo kvůli pomoci bezmocným. Jestliže člověk, který sám neumí plavat, skočil do vody, aby zachránil někoho jiného a dal všanc svůj vlastní život, udělal to z dobrého a šlechetného úmyslu.

Třetí je případ lidí, kteří kdysi věřili v Boha, ale skončili jeho zapřením a zaprodáním své víry.

Někteří věřící dělají Bohu výčitky a postaví se proti němu, když čelí velikým těžkostem nebo ztratí někoho nebo něco, co jim bylo velmi drahé. Dobrým příkladem je Charles Darwin, průkopník evoluční teorie. Darwin kdysi věřil v Boha Stvořitele. Když předčasně zemřela jeho milovaná dcera, Darwin dospěl k tomu, že Boha zapřel, postavil se proti němu a uvedl na světlo světa evoluční teorii. Takoví lidé se dopouštějí hříchu opětovného křižování Ježíše Krista, našeho Vykupitele (Židům 6:6).

Čtvrtý a poslední je případ lidí, kteří brání, odporují a rouhají se proti Duchu svatému, třebaže věří v Boha a znají pravdu (Matouš 12:31-32; Lukáš 12:10).

V dnešní době mnoho lidí, kteří očividně hlásají svou víru v Boha, brání, odporuje a rouhá se Duchu svatému. I když jsou tito lidé svědky mnoha Božích skutků, přesto soudí a odsuzují druhé, odporují práci Ducha svatého a snaží se zničit církve, ve kterých se tyto skutky dějí. Kromě toho, pokud takto činí jako vůdci, jejich hříchy jsou o to vážnější.

Když tito hříšníci zemřou, jsou vhozeni do dolního podsvětí a je jim uložen trest třetí nebo čtvrté úrovně. Skutečnost je taková, že se některé z těchto duší stanou démony a jsou vypuštěny na svět. Více informací o démonech najdete v sérii poselství pod titulem „The World of Evil Spirits" (Svět zlých duchů).

Démoni jsou řízeni ďáblem

Až do dne velikého soudu má Lucifer naprostou autoritu řídit svět temnoty a dolní podsvětí. A tak má Lucifer rovněž moc vybrat si ty nejvhodnější duše pro své dílo řízené z dolního podsvětí a používat si je na tomto světě jako démony.

Jakmile jsou tyto duše vybrány a vypuštěny na svět, na rozdíl od doby svého života na zemi již nemají svou vlastní vůli ani pocity. Podle Luciferovy vůle jsou řízeny ďáblem a slouží pouze jako nástroje k naplnění cílů světa zlých duchů.

Démoni svádějí lidi na zemi k tomu, aby milovali svět. Ty nejodpornější hříchy a zločiny v dnešní době nejsou dílem náhody, ale jsou umožněny skrze působení démonů podle Luciferovy vůle. Démoni do těchto lidí vstupují podle zákona duchovního světa a vedou je do pekla. Někdy dělají démoni z lidí mrzáky a přinášejí jim nemoci. Samozřejmě, že to neznamená, že každá druh nebo případ znetvoření nebo nemoci lze přisuzovat démonům, ale některé případy démonům přičítat můžeme. V Bibli najdeme démonem posedlého chlapce, který byl od dětství němý (Marek 9:17-24), a ženu, která byla stižena nemocí už osmnáct let, byla úplně sehnutá a nemohla se vůbec napřímit (Lukáš 13:10-13).

Podle Luciferovy vůle byly démonům uloženy ty nejsnadnější povinnosti ve světě temnoty, ale oni sami nebudou po velikém soudu uvězněni v propasti. Protože démoni byli kdysi lidskými bytostmi, budou po velikém soudu u velkého bílého trůnu spolu s těmi, kdo v dolním podsvětí obdrželi tresty třetí a čtvrté úrovně, vhozeni do jezera, kde hoří síra.

Zlí duchové se propasti děsí

Někteří z vás, kdo si pamatují slova v Bibli, v ní mohou nalézt něco, co lze považovat za chybu. V Lukášovi v 8. kapitole je scéna, ve které se Ježíš setkává s mužem posedlým démonem. Když nařídil démonovi vyjít z muže, démon řekl: *„Co je ti po mně, Ježíši, Synu Boha nejvyššího? Žádám tě, abys mne netrápil"* (Lukáš 8:28) a prosil Ježíše, jen aby mu nepřikazoval odejít do pekelné propasti.

Démoni jsou předurčeni k tomu, aby byli vhozeni do jezera, kde hoří síra, ne do propasti. Proč tedy démon prosil Ježíše, aby nebyl poslán do propasti? Jak je uvedeno výše, démoni byli kdysi lidskými bytostmi a jako takoví jsou pouhými nástroji používanými k tříbení člověka podle Luciferovy vůle. A tak, když démon mluvil k Ježíši skrze rty tohoto muže, bylo to vyjádření postoje zlých duchů, kteří ho řídí, ne jeho vlastní. Zlí duchové vedení Luciferem vědí, že Boží prozíravost tříbení člověka jednou skončí, oni ztratí veškerou svou autoritu a moc a budou věčně spoutáni v propasti. Jejich obava z budoucnosti, zcela jasná, se projevila skrze démonovu prosbu.

Kromě toho byl démon používán jako nástroj, takže strach těchto zlých duchů stejně jako jejich konec mohly být zaznamenány v Bibli.

Proč mají démoni odpor k vodě a ohni?

V časných dobách mé služby působil Duch svatý v naší církvi tak mocně, že slepí začali vidět, němí začali mluvit, lidé s dětskou obrnou začali chodit a zlí duchové byli vyháněni. Tyto zprávy se šířily po celé zemi a přicházelo mnoho nemocných lidí. V té době jsem se osobně modlil za lidi posedlé démonem a démoni stejně jako duchovní bytosti předem věděli, že budou vyhnáni. Občas někteří démoni prosili: „Prosím, nevyháněj nás do vody nebo do ohně!“ Samozřejmě, že jsem nemohl jejich prosbám vyhovět.

Proč však démoni nenávidí vodu a oheň? Jejich odpor vůči vodě a ohni Bible totiž rovněž zaznamenává. Když jsem se znovu modlil za zjevení v této věci, Bůh mi pověděl, že v duchovním slova smyslu voda symbolizuje život, konkrétněji slovo Boha, který je samotným světlem. Navíc oheň znamená oheň Ducha svatého. Proto tedy démoni, kteří představují temnotu samotnou, ztratí ve chvíli, kdy budou vyhnáni do ohně nebo do vody, svou moc a autoritu.

V Markovi 5 je scéna, ve které Ježíš nařizuje démonovi „Legie,“ aby vyšel z muže a Legie ho prosí, aby ji nechal vejít do stáda vepřů (Marek 5:12). Ježíš svolil a zlí duchové vyšli z posedlého muže a vešli do vepřů. Stádo vepřů, v počtu okolo dvou tisíc, se hnalo střemhlav po srázu do moře a v moři se utopilo. Ježíš to udělal proto, aby těmto démonům zabránil dále pracovat pro Lucifera a učinil tak tím, že je nechal utopit. To však neznamená, že se démoni utopili; pouze ztratili svou moc. Proto nám Ježíš říká: „*Když nečistý duch vyjde z člověka, bloudí po pustých místech a hledá odpočinutí, ale nenalézá*" (Matouš 12:43).

Boží děti by měly dobře znát duchovní svět, aby mohly projevovat Boží moc. Démoni se třesou strachem, jestliže je vyháníte s úplnými znalostmi duchovního světa. Ale nebudou se třást a o to míň je vyženete, pokud pouze pronesete: „Ty démone, vyjdi ven a běž do vody! Běž do ohně!“, aniž byste dosáhli duchovních znalostí.

Lucifer se snaží o zřízení svého království

Bůh je Bohem přehojné lásky, ale je také Bohem spravedlivým. Nezáleží na tom, jak milosrdný a odpouštějící může být jakýkoliv král tohoto světa, nemůže být bezvýhradně milosrdný a odpouštějící vždy. Když jsou v zemi zloději a vrahové, král by je měl pochytat a potrestat podle zákona své země, aby udržel mír a bezpečnost pro svůj lid. I když se dopustí vážných zločinů jako je vlastizrada jeho milovaný syn nebo blízcí lidé, král nemá jinou možnost než je potrestat podle zákona.

Podobně je Boží láska takovou láskou, která je v přímém souladu s přísným pořádkem duchovního světa. Bůh velmi miloval Lucifera předtím, než ho zradil a i po jeho zradě dal Bůh Luciferovi naprostou autoritu nad temnotou, ale jedinou odměnu, kterou Lucifer obdrží, je uvěznění v propasti. Protože Lucifer tuto skutečnost již zná, snaží se o zřízení svého království a jeho pevné nastolení. Z tohoto důvodu Lucifer zabil od doby před dvěma tisíci lety až doteď mnoho Božích proroků. Před dvěma tisíci lety se Lucifer, když zjistil, že se narodil Ježíš, pokusil o to ho prostřednictvím krále Heroda zabít, aby zabránil ustavení Božího království a trvale udržel své království temnoty. Potom, co byl naveden satanem, vydal Herodes rozkaz zabít všechny chlapce v zemi, kteří byli ve stáří do dvou let (Matouš 2:13-18).

Kromě toho, v průběhu posledních dvou tisíciletí se Lucifer vždy pokoušel zničit a zabít kohokoliv, kdo projevoval úžasnou Boží moc. Lucifer však nikdy nemůže zvítězit nad Bohem nebo ho předčit v moudrosti a svůj konec nalezne pouze v propasti.

Bůh lásky čeká a dává příležitosti k pokání

Všichni lidé na zemi jsou určeni k tomu, aby byli souzeni podle svých skutků. Na nespravedlivé čeká prokletí a trest a na dobré čeká požehnání a sláva. Bůh, který je láskou samotnou, však lidi, kteří právě zhřešili, neháže ihned do pekla. Trpělivě čeká, až budou lidé činit pokání, jak je zaznamenáno v 2 Petrově 3:8-9: *„Ale tato jedna věc kéž vám nezůstane skryta, milovaní, že jeden den je u Pána jako tisíc let a ‚tisíc let jako jeden den'. Pán neotálí splnit svá zaslíbení, jak si to někteří vykládají, nýbrž má s námi trpělivost, protože si nepřeje, aby někdo zahynul, ale chce, aby všichni dospěli k pokání.* “ Toto je láska Boha, který chce, aby všichni lidé dosáhli spasení.

Skrze toto poselství o pekle byste měli pamatovat na to, že Bůh byl rovněž trpělivý a čekal na všechny ty, kdo si odpykávají svůj trest v dolním podsvětí. Tento Bůh lásky naříká kvůli duším, které stvořil ke svému obrazu a ke své podobě a které nyní trpí a budou trpět po nadcházející věky.

Navzdory Boží trpělivosti a lásce, pokud lidé nepřijmou evangelium až do konce nebo tvrdí, že věří, ale nadále se dopouštějí hříchů, promeškají všechny příležitosti ke spasení a propadnou peklu.

Proto bychom my věřící měli vždy šířit evangelium, ať už máme nebo nemáme příležitost. Dejme tomu, že zatímco jste byli venku, nastal ve vašem domě veliký požár. Když jste se vrátili, dům byl pohlcen plameny a vaše děti spaly uvnitř. Neuděláte snad všechno proto, abyste své děti zachránili? Boží srdce je o to víc zlomené, když vidí lidi, které stvořil ke svému obrazu a ke své podobě, jak páchají hříchy a propadají věčným plamenům pekla. Podobně, dokážete si představit, jakou radost má Bůh, když vidí lidi, jak vedou jiné lidi ke spasení?

Proto byste měli rozumět Božímu srdci, které miluje všechny lidi a truchlí pro ty, kdo jsou na cestě do pekla stejně jako srdci Ježíše Krista, který nechce ztratit ani jediného člověka. Nyní, když jste četli o krutosti a trápeních pekla, snad dokážete pochopit, proč má Bůh takovou radost ze spasení lidí. Doufám, že porozumíte Božímu srdci a vcítíte se do něj takovou měrou, že budete šířit dobrou zprávu a vést lidi do nebe.

Kapitola 9

Proč musel Bůh lásky připravit peklo?

1. Boží trpělivost a láska
2. Proč musel Bůh lásky připravit peklo?
3. Bůh chce, aby všichni lidé získali spasení
4. Odvážně šířit evangelium

„[Bůh] chce,
aby všichni lidé došli spásy a poznali pravdu.“
- 1 Timoteovi 2:3-4 -

„Lopata je v jeho ruce; a pročistí svůj mlat,
svou pšenici shromáždí do sýpky,
ale plevy spálí neuhasitelným ohněm.“
- Matouš 3:12 -

Asi před dvěma tisíci lety Ježíš procházel městy a vesnicemi v Izraeli, kázal dobrou zprávu a uzdravoval každou nemoc. Když se setkával s lidmi, měl s nimi soucit, protože byli vysílení a skleslí jako ovce bez pastýře (Matouš 9:36). Bylo zde mnoho lidí, kteří byli spaseni, ale neexistoval nikdo, kdo by o ně pečoval. I když Ježíš pilně chodil po vesnicích a navštěvoval lidi, nemohl se o všechny jednoho po druhém postarat.

V Matoušovi 9:37-38 pověděl Ježíš svým učedníkům: „*Žeň je velká, dělníků málo. Proste proto Pána žně ať vyšle dělníky na svou žeň!*“ Bylo velmi zapotřebí lidí, kteří by místo Ježíše toto množství lidí s horoucí láskou vyučovali pravdě a vyhnali z nich temnotu.

V dnešní době velmi mnoho lidí otročí hříchu, trpí nemocemi, chudobou a zármutkem a spějí do pekla – všichni proto, že neznají pravdu. Musíte proto rozumět srdci Ježíše, který hledá dělníky, které by poslal na pole sklízet, abyste nezískali pouze spasení, ale také před ním mohli vyznat: „Tady jsem! Pošli mě, Pane."

1. Boží trpělivost a láska

Byl jeden syn, kterého rodiče velmi milovali a zbožňovali. Jednoho dne tento syn požádal své rodiče, aby mu dali jeho podíl na majetku. Rodiče vyhověli synově žádosti, třebaže svému synovi, kterému se chystali stejně všechno odkázat, docela nerozuměli. Potom syn odešel se svým podílem do ciziny. I když měl na počátku velké naděje a ambice, stále více a více se věnoval potěšením a vášním tohoto světa a nakonec celý svůj majetek promarnil. Navíc země čelila vážné ekonomické krizi, a tak ještě více zchudnul. Jednoho dne někdo donesl jeho rodičům zprávy o jejich synovi a pověděl jim, že se jejich syn stal díky hýřivému životu žebrákem, a proto jím lidé pohrdají.

Co museli cítit jeho rodiče? Nejprve se museli hněvat, ale brzy si o něj začali dělat starosti a v duchu si mysleli: ‚Odpouštíme ti, synu. Jen se rychle vrať domů!'

Bůh přijímá děti, které se s pokáním navrátí

Postoj srdce těchto rodičů je zaznamenán v Lukášovi 15. Otec, jehož syn se vydal do daleké země, čekal na svého syna každý den u vrat. Otec čekal na návrat svého syna tak zoufale, že když se jeho syn vrátil, otec ho dokázal ihned poznat i na velikou dálku, běžel ke svému synovi, objal ho a políbil. Nechal svého syna obléknout nejlepší oděv a obout sandály, nechal zabít vykrmené tele a uspořádal slavnost na jeho počest.

Toto je Boží srdce. Nejenom odpouští všem těm, kdo činí opravdové pokání, bez ohledu na množství a vážnost jejich hříchů, ale rovněž je utěšuje a zmocňuje k tomu, aby si vedli lépe. Když dojde ke spasení vírou byť jediného člověk, Bůh se raduje a slaví tuto událost s nebeskými zástupy a anděly. Náš milosrdný Bůh je láska samotná. Se srdcem otce čekajícího na svého syna Bůh dychtivě touží po tom, aby se všichni lidé odvrátili od svých hříchů a získali spasení.

Bůh lásky a odpuštění

Díky 3. kapitole v Ozeáši můžete bleskově pochopit přehojnou milost a slitování našeho Boha, který je vždy dychtivý k tomu odpustit a milovat i hříšníky.

Jednoho dne Bůh Ozeášovi nařídil, aby si vzal za manželku ženu cizoložnici. Ozeáš uposlechl a oženil se s Gomerou. O několik let později však Gomera nedokázala uchránit své srdce a milovala jiného muže. Navíc byla placená jako prostitutka a šla se milovat s jiným mužem. Potom řekl Bůh Ozeášovi: „*Jdi opět a miluj ženu, milenku jiného, cizoložnici. Právě tak miluje Hospodin izraelské syny, i když se obracejí za jinými bohy a milují koláče z hroznů*" (Ozeáš 3:1). Bůh nařídil Ozeášovi, aby miloval svou ženu, která ho zradila a odešla z domu za jiným mužem. Ozeáš si přivedl Gomeru zpět potom, co jí zaplatil patnáct šekelů stříbra a půldruhého chómeru ječmene (Ozeáš 3:2). Kolik lidí by toto dokázalo udělat? Potom, co Ozeáš přivedl Gomeru zpět, řekl jí: „*Po mnoho dní zůstaneš se mnou, nebudeš smilnit, nebudeš patřit jinému; také já budu jen s tebou*" (Ozeáš 3:3). Neodsoudil ji ani ji nenáviděl, ale s láskou jí odpustil a žádal ji, aby ho již nikdy znovu neopouštěla.

To, co Ozeáš udělal, se z pohledu lidí tohoto světa zdá hloupé. Jeho srdce však symbolizuje Boží srdce. Způsob, jakým se Ozeáš oženil s ženou cizoložnicí, prvně Bůh miloval nás, kteří jsme ho opustili a dokonce nás osvobodil.

Po Adamově neposlušnosti byly všechny lidské bytosti naplněny hříchem. Podobně jako Gomera jsme nebyli hodni Boží lásky. Nicméně, Bůh nás přesto miloval a vydal nám svého jediného Syna Ježíše, aby byl ukřižován. Tento Ježíš byl bičován, nesl trnovou korunu a byl přibit skrze své ruce a nohy, aby nás mohl spasit. I když visel na kříži a umíral, modlil se: „Otče, odpusť jim." I když mluvíme, Ježíš se před trůnem našeho Boha Otce v nebi přimlouvá za všechny hříšníky.

Přesto mnoho lidí nezná Boží lásku a milost. Namísto toho milují svět a stále hřeší v souladu se svými tělesnými touhami. Někteří žijí v temnotě, protože neznají pravdu. Jiní pravdu znají, ale jak plyne čas, jejich srdce se změní a oni se znovu dopouštějí hříchů. Jakmile jsou lidé spaseni, musí se každý den posvěcovat. Na rozdíl od doby, kdy poprvé přijali Ducha svatého, se však jejich srdce poskvrní a zkazí. Proto se tito lidé dopouštějí takových špatností, které předtím odhodili.

Bůh chce stále odpouštět a milovat i takové lidi, kteří zhřešili a milovali svět. Zrovna jako Ozeáš přivedl zpět svou cizoložnou manželku, která milovala jiného muže, Bůh čeká na návrat a pokání svých milovaných dětí, které zhřešily.

Proto musíme rozumět srdci Boha, který nám zjevil poselství o pekle. Bůh nás nechce vystrašit; chce jen, abychom se dozvěděli o utrpení v pekle, činili úplné pokání a získali spasení. Poselství o pekle je pro něj způsob, jak vyjádřit svou vřelou lásku k nám. Musíme rovněž rozumět tomu, proč Bůh musel připravit peklo, abychom mohli ještě hlouběji pochopit jeho srdce a šířit dobrou zprávu více lidem, abychom je spasili od věčného trestu.

2. Proč musel Bůh lásky připravit peklo?

V Genesis 2:7 čteme: *„I vytvořil Hospodin Bůh člověka, prach ze země, a vdechl mu v chřípí dech života. Tak se stal člověk živým tvorem.“*

V roce 1983, rok poté, co se otevřely dveře do naší církve, mi Bůh ukázal vidění, ve kterém bylo znázorněno stvoření Adama. Bůh šťastně a radostně modeloval Adama z hlíny s péčí a láskou, jakoby si dítě hrálo se svou nejoblíbenější hračkou či panenkou. Potom, co citlivě vymodeloval Adama, vdechl mu Bůh v chřípí dech života. Protože jsme dech života obdrželi od Boha, který je Duchem, náš duch a duše jsou nesmrtelné. Tělo učiněné z prachu zhyne a navrátí se v hrstku prachu, ale náš duch a naše duše zůstanou věčné.

Z tohoto důvodu Bůh musel připravit místa pro tyto nesmrtelné duchy, aby měli kde přebývat, a proto existuje nebe a peklo. Jak je zaznamenáno v 2 Petrově 2:9-10, lidé, kteří žijí bohabojné životy, budou spaseni a půjdou do nebe, ale nespravedliví budou potrestáni v pekle.

> *Pán však dovede vytrhnout zbožné ze zkoušky, ale nespravedlivé uchovat pro trest v den soudu; a to především ty, kdo se svévolně ženou za poskvrňujícími vášněmi a pohrdají každou autoritou. Jsou to drzí opovážlivci; nechvějí se před nadpozemskými mocnostmi a rouhají se jim.*

Na jednu stranu budou Boží děti žít pod Boží věčnou vládou

v nebi. A tak je nebe vždy naplněno štěstím a radostí. Na druhou stranu je peklo místem pro všechny ty, kteří nepřijali Boží lásku, ale místo toho Boha zradili a stali se otroky hříchu. V pekle jim budou uděleny kruté tresty. Proč tedy Bůh lásky musel připravit peklo?

Bůh odděluje pšenici od plevele

Tak jako farmář zasévá semínka a obdělává je, Bůh tříbí lidské bytosti na tomto světě, aby získal skutečné děti. Až nadejde čas sklizně, oddělí pšenici od plevele, pošle pšenici do nebe a plevel do pekla.

> *Lopata je v jeho ruce; a pročistí svůj mlat, svou pšenici shromáždí do sýpky, ale plevy spálí neuhasitelným ohněm* (Matouš 3:12).

„Pšenice" zde symbolizuje všechny ty, kdo přijali Ježíše Krista, snaží se znovu získat Boží obraz a žijí podle Božího slova. „Plevel" se vztahuje na ty, kdo nepřijali Ježíše Krista jako svého Spasitele, ale milují svět a následují zlo.

Jako farmář shromažďuje pšenici do stodoly a plevel pálí nebo ho používá jako hnojivo při sklizni, Bůh rovněž přivádí pšenici do nebe a vyhazuje plevel do pekla.

Bůh si chce být jistý, že víme o existenci dolního podsvětí a pekla. Oheň a láva pod povrchem země proto slouží jako připomínka věčného trestu v pekle. Kdyby na tomto světě nebyl žádný oheň ani síra, jak bychom si jen mohli představit strašné scény z dolního podsvětí a pekla? Bůh stvořil tyto věci, protože jsou nezbytné pro tříbení lidských bytostí.

Důvod, proč je „plevel" vyhozen do pekelného ohně

Někdo se může ptát: „Proč Bůh lásky připravil peklo? Proč nemůže nechat jít plevel také do nebe?"

Nádhera nebe přesahuje všechny naše představy. Bůh, pán nebe, je svatý a bez jakékoliv poskvrny nebo kazu, a tak pouze ti, kdo konají jeho vůli, smějí vstoupit do nebe (Matouš 7:21). Kdyby byli v nebi zlí lidé společně s lidmi plnými lásky a dobroty, život v nebi by byl mimořádně obtížný a nepříjemný a nádherné nebe by se tím jen pošpinilo. Proto Bůh musel připravit peklo, aby oddělil pšenici v nebi od plevele v pekle.

Bez pekla by spravedliví a špatní byli nuceni žít společně. V takovém případě by se nebe stalo útočištěm temnoty, plným agonického křiku a pláče. Smyslem Božího tříbení člověka však není vytvoření takovéhoto místa. Nebe je místem bez slz, žalu, utrpení a nemocí, kde může Bůh navěky sdílet svou přehojnou lásku se svými dětmi. A tak je peklo nezbytné k tomu, aby věčně věznilo špatné a nehodné lidi – plevel.

V Římanům 6:16 čteme: „*Víte přece, když se někomu zavazujete k poslušné službě, že se stáváte služebníky toho, koho posloucháte – buď otročíte hříchu, a to vede k smrti, nebo posloucháte Boha, a to vede k spravedlnosti.*" I kdyby to nevěděli, všichni ti, kdo nežijí podle Božího slova, jsou otroky hříchu a otročí našemu nepříteli satanovi a ďáblovi. Na této zemi jsou ovládáni nepřítelem satanem a ďáblem; po smrti budou předáni do rukou zlých duchů v pekle a budou jim uděleny všemožné druhy trestů.

Bůh odměňuje každého podle toho, co vykonal

Náš Bůh není pouze Bohem lásky, milosrdenství a dobroty, ale je také férovým a spravedlivým Bohem, který každého z nás odměňuje podle našich skutků. V Galatským 6:7-8 čteme:

Neklamte se, Bohu se nikdo nebude posmívat. Co člověk zaseje, to také sklidí. Kdo zasévá pro své sobectví, sklidí zánik, kdo však zasévá pro Ducha, sklidí život věčný.

Na jednu stranu, když zasejete modlitby a chvály, budete moci z nebe zmocněni k tomu žít podle Božího slova a vašemu duchu a duši se bude dobře dařit. Když zasejete věrné služby, budou všechny vaše části – duch, duše a tělo – posíleny. Když zasejete peníze prostřednictvím desátků nebo děkovných obětí, bude vám finančně požehnáno mnohem hojněji, abyste mohli zasít více pro Boží království a spravedlnost. Na druhou stranu, když zasejete zlo, bude vám odplaceno přesným množstvím a intenzitou vašeho zla. I když jste věřící, když zasejete hříchy a bezpráví, budete čelit zkouškám. Proto doufám, že vás to osvítí a poučíte se z této skutečnosti s pomocí Ducha svatého, abyste mohli získat věčný život.

V Janovi 5:28-29 nám Ježíš pověděl: „*Nedivte se tomu, neboť přichází hodina, kdy všichni v hrobech uslyší jeho hlas a vyjdou; ti, kdo činili dobré, vstanou k životu, a ti, kdo činili zlé, vstanou k odsouzení.*" V Matoušovi 16:27 nám Ježíš slíbil: „*Syn člověka přijde v slávě svého Otce se svými svatými anděly, a tehdy odplatí každému podle jeho jednání.*"

S dokonalou přesností skrze soud rozdá Bůh přiměřené odměny a přidělí odpovídající tresty všem podle toho, co kdo vykonal. Zda půjde někdo do nebe nebo do pekla, nezáleží na Bohu, ale na každém, kdo má svobodnou vůli a každý tak sklidí, co zasel.

3. Bůh chce, aby všichni lidé získali spasení

Bůh považuje člověka stvořeného ke svému obrazu a ke své podobě za důležitějšího než celý vesmír. A tak Bůh chce, aby všichni lidé uvěřili v Ježíše Krista a získali spasení.

Bůh se raduje z každého dalšího hříšníka, který činí pokání

Se srdcem pastýře, který hledá na pustých místech jedinou ztracenou ovci, třebaže má dalších devadesát devět ovcí v bezpečí (Lukáš 15:4-7), se Bůh o to více raduje z jediného hříšníka, který činí pokání, než z devadesáti devíti spravedlivých, kteří pokání nepotřebují.

Žalmista napsal v Žalmu 103:12-13: „*Jak je vzdálen východ od západu, tak od nás vzdaluje naše nevěrnosti. Jako se nad syny slitovává otec, slitovává se Hospodin nad těmi, kdo se ho bojí.*" Bůh nám v Izajášovi 1:18 rovněž slíbil: „*Pojďte, projednejme to spolu, praví Hospodin. I kdyby vaše hříchy byly jako šarlat, zbělejí jako sníh, i kdyby byly rudé jako purpur, budou bílé jako vlna.*"

Bůh je světlem samotným a není v něm nejmenší tmy. Je rovněž dobrota sama, která nenávidí hřích, ale když před něj předstoupí hříšník a činí pokání, Bůh mu jeho hříchy nepřipomíná. Namísto toho Bůh ve své bezmezné shovívavosti a vřelé lásce hříšníka obejme a požehná mu.

Rozumíte-li alespoň trochu úžasné Boží lásce, měli byste s každým jednotlivcem jednat s vroucí láskou. Měli byste mít slitování s těmi, kdo směřují do plamenů pekelných, horlivě se za ně modlit, sdílet s nimi dobrou zprávu a navštěvovat ty, kdo mají slabou víru a jejich víru upevňovat tak, aby mohli pevně stát.

Pokud nečiníte pokání

1 Timoteovi 2:3-4 nám říká: „*To je dobré a vítané u našeho Spasitele Boha, který chce, aby všichni lidé došli spásy a poznali pravdu.*" Bůh zoufale touží potom, aby ho všichni lidé poznali, získali spasení a šli tam, kde je on. Bůh dychtí po spasení každého dalšího člověka a čeká, až se k němu lidé žijící v temnotě a hříchu obrátí.

Nicméně, třebaže Bůh dal lidem množství příležitostí k pokání, a to až do míry obětování svého jediného Syna na kříži, jestliže lidé neučiní pokání a zemřou, existuje pro ně pouze jediná skutečnost. Podle zákona duchovního světa budou sklízet, co zaseli a bude jim odplaceno v souladu s tím, co učinili, a tak budou nakonec vhozeni do pekla.

Doufám, že si uvědomíte tuto úžasnou Boží lásku a spravedlnost a budete moci přijmout Ježíše Krista a získat odpuštění. Kromě toho jednejte a žijte podle Boží vůle, abyste mohli v nebi zářit jako slunce.

4. Odvážně šířit evangelium

Ti, kdo znají a opravdu věří v existenci nebe a pekla, nemohou jinak, než hlásat evangelium, protože znají srdce Boha, který chce, aby všichni lidé získali spasení.

Bez lidí, kteří by šířili dobrou zprávu

Římanům 10:14-15 nám říká, že Bůh chválí ty, kdo šíří dobrou zprávu:

> *Ale jak mohou vzývat toho, v něhož neuvěřili? A jak mohou uvěřit v toho, o kom neslyšeli? A jak mohou uslyšet, není-li tu nikdo, kdo by ho zvěstoval? A jak mohou zvěstovat, nejsou-li posláni? Je přece psáno: „Jak vítaný je příchod těch, kteří zvěstují dobré věci!“*

Ve 2 Královské 5. kapitole je příběh o Naamánovi, veliteli vojska aramejského krále. Naamán byl u svého krále ve veliké vážnosti a oblibě, protože mnohokrát zachránil svou zemi. Získal slávu a bohatství a nic mu nechybělo. Naamán však byl postižen malomocenstvím. V těch dobách bylo malomocenství nevyléčitelnou nemocí a bylo považováno za prokletí seslané z nebe, takže Naamánova udatnost a bohatství mu nyní byly k ničemu. Ani jeho vlastní král mu nedokázal pomoci.

Dokážete si představit, jak trpělo srdce Naamána, který sledoval své kdysi zdravé tělo, jak hnije a den za dnem se více a více rozpadá? Kromě toho si dokonce i členové jeho vlastní rodiny od Naamána udržovali vzdálenost v obavách, že se i oni mohou touto nemocí nakazit. Jak bezmocně a bezradně se musel Naamán cítit?

Bůh však měl pro Naamána, pohanského velitele, dobrý plán. Naamánově ženě v té době sloužilo malé děvčátko, které bylo zajato v izraelské zemi.

Naamán byl uzdraven potom, co poslechl svou služebnou

Tato služebná, ačkoliv byla malým děvčátkem, znala způsob, jak vyřešit Naamánův problém. Děvčátko věřilo, že Elíša, prorok v Samaří, by mohl jejího pána uzdravit. Statečně pověděla svému pánovi zprávu o Boží moci, která se projevuje skrze Elíšu. Nenechala svá ústa zavřená, zvláště, když se jednalo o něco, v co měla velikou víru. Potom, co uslyšel tuto zprávu, Naamán co nejupřímněji připravil dary a šel navštívit proroka.

Co myslíte, že se stalo Naamánovi? Byl zcela uzdraven Boží mocí, která byla s Elíšou. Dokonce vyznal: „*Hle, poznal jsem, že není Boha na celé zemi, jenom v Izraeli*“ (v. 15). Naamán nebyl vyléčen pouze ze své nemoci, ale byl rovněž vyřešen problém jeho ducha.

Ohledně tohoto příběhu Ježíš v Lukášovi 4:27 poznamenává: *„A mnoho malomocných bylo v Izraeli za proroka Elizea, a žádný z nich nebyl očištěn, jen syrský Náman.“* Proč mohl být uzdraven pouze pohan Naamán, i když bylo v Izraeli mnoho jiných malomocných? To proto, že Naamánovo srdce bylo opravdu dobré a dostatečně pokorné, aby poslechl rady jiných lidí. Třebaže byl Naamán pohanem, Bůh pro něj připravil cestu ke spasení, protože byl dobrý člověk, vždy věrný generál svému králi a služebník, který miloval své lidi natolik, že by za ně dokázal ochotně položit svůj život.

Pokud by však Naamánovi jeho služebná nepředala zprávu o Elíšově moci, byl by zemřel bez toho, aby byl uzdraven, tím míň by získal spasení. Život tohoto šlechetného a váženého bojovníka závisel na rtech malého děvčátka.

Odvážně kázat evangelium

Jako v Naamánově případě mnoho lidí kolem vás čeká, až otevřete svá ústa. I v tomto životě trpí mnoha těžkostmi života a každý den směřují k peklu. Jak politováníhodné by bylo, kdyby byli po tak těžkém životě na zemi věčně mučeni? Proto musí Boží děti takovým lidem statečně povědět evangelium.

Bůh bude mít obrovskou radost, když skrze moc Pána lidé, kteří měli zemřít, získají život a lidé, kteří trpěli, budou osvobozeni. Také způsobí, že se jim bude dobře dařit a budou zdraví: „Ty jsi mé dítě, které občerstvuje mého ducha.“ Navíc jim Bůh pomůže získat dostatečně velikou víru, aby vstoupili do slavného města nového Jeruzaléma, kde se nachází Boží trůn.

Kromě toho, nebudou samotní lidé, kteří slyšeli dobrou zprávu a přijali Ježíše Krista skrze vás rovněž vděčni za to, co jste pro ně udělali?

Nezískají-li lidé během tohoto života dostatečně velikou víru, aby byli spaseni, potom, co odejdou do pekla, již nikdy nedostanou „druhou šanci." Vprostřed věčného utrpení a muk mohou pouze navěky věků litovat a naříkat.

Abyste mohli vy slyšet evangelium a přijmout Pána, stálo to mnoho praotců víry nesmírné oběti a oddanost. Byli zabiti mečem, stali se kořistí hladových krvelačných šelem nebo za hlásání dobré zprávy vešli vstříc mučednictví.

Co byste tedy měli udělat teď, když víte, že jste byli zachráněni před peklem? Musíte udělat všechno proto, abyste mnoha duším pomohli z pekla do náruče Pána. V 1 Korintským 9:16 vyznal apoštol Pavel s planoucím srdcem své poslání: *„Nemohu se chlubit tím, že kážu evangelium; nemohu jinak, běda mně, kdybych nekázal."*

Doufám, že s planoucím srdcem Pána vyjdete do světa a zachráníte mnoho duší před věčným trestem v pekle.

Prostřednictvím této knihy jste se dozvěděli o věčném, strašném a žalostném místě zvaném peklo. Modlím se, abyste pocítili lásku Boha, který nechce ztratit ani jediného člověka, byli ve svém křesťanském životě ostražití a pověděli evangelium každému, kdo ho potřebuje slyšet.

V Božích očích jste mnohem cennější než celý svět a máte větší hodnotu než cokoliv spojené s vesmírem, protože jste byli stvořeni k Božímu obrazu. Proto se nesmíte stát otroky hříchu, kteří se staví proti Bohu a skončí v pekle, ale skutečnými Božími dětmi, které chodí ve světle, jednají a žijí podle pravdy.

Se stejným potěšením, které měl, když stvořil Adama, nad vámi Bůh bdí i dnes. Chce, abyste dosáhli pravdivého srdce, rychle zráli ve víře a získali plnou míru Kristovy plnosti.

Ve jménu Pána Ježíše Krista se modlím, abyste ihned přijali Ježíše Krista a získali požehnání a autoritu jako vzácné Boží děti, abyste mohli hrát ve světě roli soli a světla a dovedli ke spasení velké množství lidí!

O autorovi:

Dr. Jaerock Lee

Dr. Jaerock Lee se narodil v roce 1943 v Muanu, v provincii Jeonnam, v Korejské republice. Ve svých dvaceti letech trpěl Dr. Lee po dobu sedmi let rozmanitými nevyléčitelnými chorobami a očekával smrt bez jakékoliv naděje na uzdravení. Jednoho jarního dne v roce 1974 ho jeho sestra odvedla na církevní shromáždění, a když poklekl, aby se pomodlil, živý Bůh ho okamžitě uzdravil ze všech jeho nemocí.

Od chvíle, kdy se skrze tuto úžasnou zkušenost Dr. Lee setkal s živým Bohem, začal Boha upřímně milovat celým svým srdcem a v roce 1978 byl povolán k tomu, aby se stal Božím služebníkem. Vroucně se modlil a nesčetněkrát držel spolu s modlitbami půst, aby mohl jasně porozumět Boží vůli, cele ji vykonávat a být poslušný Božímu slovu. V roce 1982 založil v Soulu, v Jižní Koreji, církev Manmin Central Church, kde se koná nesčetné Boží dílo včetně nadpřirozených uzdravení, znamení a zázraků.

V roce 1986 byl Dr. Lee při výročním shromáždění církve Jesus' Sungkyul Church of Korea ustanoven pastorem a o čtyři roky později, v roce 1990, začala být jeho kázání vysílána prostřednictvím rozhlasových stanic the Far East Broadcasting Company, the Asia Broadcast Station a the Washington Christian Radio System v Austrálii, Rusku, na Filipínách a v mnoha dalších zemích.

O tři roky později, v roce 1993, byla církev Manmin Central Church vybrána časopisem *Christian World* (USA) mezi „50 nejpřednějších církví na světě" a Dr. Lee obdržel od fakulty Christian Faith College na Floridě čestný doktorát z teologie. V roce 1996 získal za svou službu od semináře Kingsway Theological Seminary v Iowě titul Ph. D.

Od roku 1993 převzal Dr. Lee vedení světové misie prostřednictvím mnoha zahraničních cest do amerických měst Los Angeles, Baltimoru a New Yorku, dále na Havaj, do Tanzánie, Argentiny, Ugandy, Japonska, Pákistánu, Keni, na Filipíny, do Hondurasu, Indie, Ruska, Německa, Peru, Demokratické republiky Kongo a do Izraele.

V roce 2002 byl většinou křesťanských novin v Koreji kvůli své mocné službě na rozmanitých zahraničních kampaních nazván „celosvětovým evangelistou." ‚Kampaň v New Yorku 2006', která se konala v Madison Square Garden, nejznámější hale na světě, se vysílala 220 národům a na ‚Sjednocené kampani v Izraeli 2009' pořádané v ICC (International Convention Center) v Jeruzalémě prohlašoval, že Ježíš Kristus je Mesiáš a Spasitel. Jeho kázání se vysílají přes satelit včetně GCN TV 176 národům a v žebříčku se podle populárního ruského křesťanského časopisu *In Victory* a nové zpravodajské agentury *Christian Telegraph* za svou mocnou službu v oblasti TV vysílání a za svou zahraniční církevní pastorační službu umístil jako jeden z 10 nejvlivnějších křesťanských vůdců roku 2009 a 2010.

K Dubna 2016 je církev Manmin Central Church kongregací s více než 120 000 členy. Má rovněž 10 000 poboček po celé zeměkouli včetně 56 domácích poboček a doposud vyslala více než 102 misionářů do 23 zemí včetně Spojených států, Ruska, Německa, Kanady, Japonska, Číny, Francie, Indie, Keni a mnoha dalších.

Ke dni vydání této knihy napsal Dr. Lee 104 knih včetně bestselerů *Ochutnání Věčného Života před Smrtí (Tasting Eternal Life before Death), Můj Život, Má Víra I & II (My Life My Faith I & II), Poselství Kříže (The Message of the Cross), Měřítko Víry (The Measure of Faith), Nebe I & II (Heaven I & II), Peklo (Hell)* a *Boží Moc (The Power of God).* Jeho díla byla přeložena do více než 76 jazyků.

Jeho křesťanské sloupky se objevují v *The Hankook Ilbo, The JoongAng Daily, The Dong-A Ilbo, The Seoul Shinmun, The Hankyoreh Shinmun, The Korea Economic Daily, The Korea Herald, The Shisa News,* a v *The Christian Press.*

Dr. Lee je v současné době vedoucím mnoha misionářských organizací a asociací včetně: předseda The United Holiness Church of Jesus Christ; stálý prezident The World Christianity Revival Mission Association; zakladatel & předseda výboru Global Christian Network (GCN); zakladatel & předseda výboru World Christian Doctors Network (WCDN); a zakladatel & předseda výboru Manmin International Seminary (MIS).

Další mocné knihy od stejného autora

Nebe I & II

Podrobný náčrt úžasného životního prostředí, z kterého se budou těšit nebeští občané a krásný popis různých úrovní nebeských království.

Poselství Kříže

Mocné poselství vyzývající k probuzení všechny lidi, kteří duchovně spí! V této knize najdete skutečnou Boží lásku a důvod, proč je Ježíš jediným Spasitelem.

Měřítko Víry

Jaký nebeský příbytek, koruna a odměna jsou pro vás připraveny v nebi? Tato kniha vám poskytne moudrost a vedení, abyste dokázali změřit svou víru, co nejlépe ji tříbit a dozrát v ní.

Můj Život, Má Víra I & II

Nejvoňavější duchovní vůně vytažená z života, který vykvetl z nepřekonatelné Boží lásky uprostřed temných vln, chladného jha a nejhlubšího zoufalství.

Boží Moc

Četba, která slouží jako nepostradatelný průvodce, díky němuž můžete získat opravdovou víru a zažít úžasnou Boží moc.

www.ingramcontent.com/pod-product-compliance
Lightning Source LLC
LaVergne TN
LVHW101916220826
846093LV00009B/272

* 9 7 9 1 1 2 6 3 0 1 0 2 7 *